U0933485

珍藏本
纪念版

汉译世界学术名著丛书

基督城

〔德〕约翰·凡·安德里亚 著

黄宗汉 译

高放 校

2017年·北京

Johann Valentin Andreae

CHRISTIANOPOLIS

Oxford University Press American Branch

New York, 1916

根据牛津大学出版社美国分社 1916 年版译出

汉译世界学术名著丛书
（120年纪念版·珍藏本）
出 版 说 明

2017年2月11日，商务印书馆迎来120岁的生日。120年前，商务印书馆前贤怀揣文化救国的理想，抱持“昌明教育，开启民智”的使命，立足本土，放眼寰宇，以出版为津梁，沟通中西，为中国、为世界提供最富智慧的思想文化成果。无论世事白云苍狗，潮流左右激荡，甚至战火硝烟弥漫，始终践行学术报国之志，无改初心。

迻译世界各国学术名著，即其一端。早在20世纪初年便出版《原富》《天演论》等影响至今的代表性著作，1950年代后更致力于外国哲学和社会科学经典的译介，及至1980年代，辑为“汉译世界学术名著丛书”，汇涓为流，蔚为大观。丛书自1981年开始出版，历时三十余年，迄今已推出七百种，是我国现代出版史上规模最大、最为重要的学术翻译工程。

丛书所选之书，立场观点不囿于一派，学科领域不限于一门，皆为文明开启以来，各时代、各国家、各民族的思想与文化精粹，代表着人类已经到达过的精神境界。丛书系统译介世界学术经典，引领时代思想，为本土原创学术的发展提供丰富的文化滋养，为推动中国现代学术和现代化进程做出了突出的贡献。

为纪念商务印书馆成立120周年，我们整体推出“汉译世界学术名著丛书”120年纪念版的珍藏本，寄望既利于文化积累，又便于研读查考，同时向长期支持丛书出版的译者、编者和读者致以敬意。

两甲子后的今天，商务印书馆又站在了一个新的历史时间节点上。我们不仅要铭记先辈的身影和足迹，更须让我们的步伐充满新的时代精神。这是商务人代代相传的事业，更是与国家和民族的命运始终紧密相连的事业。我们责无旁贷，必须做好我们这代人的传承与创造，让我们的努力和成果不仅凝聚成民族文化的记忆，还能成为后来人可以接续的事业。唯此，才能不负前贤，无愧来者。

商务印书馆编辑部

2017年10月

空想社会主义史上的第三颗明珠
——安德里亚著《基督城》评介

高　放

一、翻译和出版本书的缘由

托马斯·莫尔的《乌托邦》和托马斯·康帕内拉的《太阳城》是西欧空想社会主义史上最早的两颗明珠，这已是知者甚多；而约翰·凡勒丁·安德里亚的《基督城》是继武的第三颗明珠，可谓鲜为人知。不仅我国学者迄今写出的所有社会主义思想史专著、教材和论文从来未提到其人其书，而且外国人写的有关著述也极少涉及。就我所见到的十多种外文版社会主义思想史专著，仅美国人雷岱尔著《社会主义思想史》中有过不足千字的极简略介绍。

商务印书馆早在1963年制定的外国哲学社会科学名著翻译计划中就已列入《基督城》一书，但是长期未能落实。1980年，我看到一份评介西方空想社会主义著作的材料，其中把《乌托邦》、《太阳城》和《基督城》并列为正面乌托邦三部曲[①]，这样高度的评价引起我对此书的重视。可是遍查京沪各大图书馆，均无《基督

① 正面乌托邦三部曲是相对于反面乌托邦三部曲而言。反面乌托邦三部曲指奥威尔的《1984年》、赫胥黎的《新奇的世界》和扎米亚金的《我们》。前者是向往美好未来的颂歌，后者是丑化人类前景的哀鸣。

城》一书的外文本。1983年乃拜托友人从美国哈佛大学图书馆复印一本英文本[①]带回，立即推荐给学长黄宗汉同志着手翻译。译者早年与我一起就读于福州英华中学，这是一所历史悠久的著名的教会中学。1946年他毕业于中山大学，中华人民共和国成立后长期从事英语教学工作。他既专攻英语，又对基督教有相当的了解，所以翻译此书甚为合适。译稿完成后，我断断续续作了校订。凡发现有不顺或欠妥之处均核对原文尽心修改，还统一了规格，补充了一些注释。我国近代第一个杰出翻译家、乡党先贤严复(1854—1921)在总结切身多年译书经验时确立了“信、达、雅”三大标准。他把这三者视为“译事三难”，又称作“译事楷模”。对此我极表赞同。我认为，译文是给本国人看的，不能强调直译、硬译，尤其是古典名著，更应该在“信”的基础上，力求做到“达”和“雅”，不仅顺畅，而且还要有文采，才能引人入胜，垂诸久远。全书校订完毕之后，我又从头至尾复读一遍，务使译文益臻完善。通读全书，确实感到名不虚传，此书堪与莫尔、康帕内拉的名著媲美。莫尔的《乌托邦》发行于1516年；康帕内拉的《太阳城》于1601年在监狱之中写成，1623年出版，康帕内拉自己承认此书脱胎于《乌托邦》；而《基督城》是在1619年问世，《乌托邦》和《太阳城》两书对《基督城》一书的写作有直接的影响(这一点下面还要提到)。所以不论

---

① 这个英译本是英国牛津大学出版社美国分社于1916年6月在纽约出版的。英译本的译者是费里克斯·埃米尔·赫尔德(Felix Emil Held)，据英译本后面简介，英译者于1880年8月3日生于堪萨斯州海斯要塞。1902年于该州安波里亚学院获学士学位，后任中学校长，1906年在安波里亚学院任系主任和教务长，1908年获伯克利大学硕士，1911—1914年在伊利诺伊大学讲授德语。此书是他在伊大任教时翻译出版的。这个译本以及对该书的评论使他获得博士学位。

就写作时间顺序继承关系或历史成就而言,《基督城》都属于空想社会主义史上的第三颗明珠。

商务印书馆从50年代以来,出版了大量西方学术名著,空想社会主义代表作的中译本已问世三十多种。1983年,我把得到《基督城》英文版复印本和推荐学长翻译的情况告诉了商务印书馆,建议把它列入出版计划。校译殆成时才发现有关安德里亚生平的材料不足,同时想起出书时最好能有一张原作者的玉照,乃驰书负笈美国康奈尔大学的小儿,嘱他细心寻觅,终于找到两份小传,并从安德里亚著作《基督城》1916年的英译本复印了一张难得的有他本人签字的画像。在把全部书稿交给商务印书馆编辑部之前,我理应为本书中文版作序,对此书作个评介。

二、德国人为什么能够培育出空想社会主义的明珠?

在西欧,社会主义是作为资本主义的对立物出现的。哪里有资本主义的发展和资本主义各种矛盾的暴露,哪里就有仁人志士为解决资本主义的矛盾和资本主义造成的社会问题而提出社会主义的理想。英国人莫尔能够于1516年出版第一本空想社会主义名著《乌托邦》,意大利人能够在1613年出版康帕内拉的同类名著《太阳城》,应该看作是当时英国与意大利资本主义矛盾发展的产物,同时也是以意大利为中心的波及英、法等国的文艺复兴运动所产生的人文主义思想,进而发展成为反映无产阶级解放要求的激进思想的产物。德国当时在欧洲是较为落后的,然而它为什么能够培育出空想社会主义史上第三颗明珠呢?这就要从当时德国的具体情况和作者约翰·凡勒丁·安德里亚的复杂经历中去寻找根源。

德国在西欧属于资本主义最早发展的国家之一。12 世纪在北部已经形成了一批手工业生产的中心，例如科伦的毛织业和金属加工业，产品曾销往各地。到 13 世纪，城市进一步繁荣，手工业行会不断产生，农民大量涌入城市。为了加强对外商业联系，在 14 世纪，北德意志各城市联合组成经济、政治性的“汉萨同盟”[①]，先后参加的多达 160 个城市，以卢卑克为首，控制了从罗斯、斯堪的纳维亚各国到尼德兰、英格兰之间的中介贸易。恩格斯总结德国历史时说道：汉萨同盟“垄断了海上航路 100 年之久，遂使整个德国脱离了中世纪的野蛮状态”[②]。国际贸易的扩展有力地促进了国内资本主义经济的诞生。从发了财的商人和手工业匠帅中分化出了一批商人企业主，他们购进大批原料，把分散的手工业工场联成一体，甚至添置了较大的设备，如纺织机、染色机等，把生产过程分成几个单独的阶段，彼此加强协作。采矿业中资本主义萌芽也茁壮而起。原来属于皇帝和诸侯的矿山资源因需要现金大都抵押给大资本家。萨克森、萨尔茨堡等地的金、银、铝、铜矿由资本家的高利贷商行采用新技术开采，用畜力牵引的水泵从矿井中抽出积水，使矿井可采掘得更深。15 世纪末到 16 世纪中，德国白银产量居世界首位，为欧洲各国总产量的 1.5 倍至 2.5 倍。大批破产农民沦落为矿山的雇工，矿工人数达十几万人之多。他们备受资本主义的残酷剥削和压迫。恩格斯曾说：“德国矿工在 15 世纪已

① “汉萨”(Hanse)在德文中意为集团、行会、公所或会馆，“汉萨同盟”一词出现在 1344 年的文件中。

② 《德国农民战争》，《马克思恩格斯全集》，第 7 卷，第 386 页。

是世界上最熟练的矿工。城市的繁荣也把农业从中世纪的简陋状态中解脱出来了。不仅耕地面积扩大了,而且染料植物以及其他输入的植物品种也种植起来了,这些植物需要比较细的栽培,对整个农业起了良好的影响。”[①]到16世纪初,在建筑业和印刷业中,10—20人甚至更多工人的企业犹如雨后春笋,大批出现。这时,当汉萨同盟已因敌不过英国人和荷兰人的竞争而衰落时,又有德国南部的工商业城市兴起。1492年哥伦布航抵美洲,1498年达·伽马发现绕非洲好望角通往印度的航线,1519—1522年麦哲伦率领的船队完成了第一次环球航行。15世纪末16世纪初葡萄牙航海者的这些地理大发现,开辟了广阔的世界市场,促进了资本主义原始积累和商品货币关系的大发展。经营国际贸易的南德意志大商行,千方百计想从新发现的这些新航路上谋取暴利,它们在葡萄牙、西班牙和印度、美洲新大陆到处钻营。德国还出现一大批银行家,如富格尔和韦尔泽两个家族,不仅借款给德皇和诸侯,而且经营金矿、银矿和铜矿,控制中欧经济,甚至远征委内瑞拉和秘鲁,在那里建立殖民地,掠夺拉丁美洲的有色金属矿产资源。恩格斯讲到当时南德城市的国际作用时这样写道:“尽管已有华斯哥·达·伽马的发现,从印度到北方诸国的通商大道还是要经过德国。奥格斯堡依然还是意大利丝织品、印度香料和东方国家一切出产物的集散的繁华中心。”[②]在这些城市中日益成长出一批市民阶层,其中包括与行会生产有关的商人和行会手工业主,这就是最初的

① 《马克思恩格斯全集》,第7卷,第387页。

② 同上书,第386页。

资产阶级。当然我们应该看到，到 16 世纪时，德国的国际贸易已被英国和尼德兰排挤在后，工业也落在英国和意大利之后，农业中自然经济也比英国和尼德兰更多。尤其是德国政治上四分五裂的各地诸侯割据局面，严重妨碍了资本主义经济的发展。

德国资本主义经济的初步发展，曾经促使德国站在宗教改革的最前列。恩格斯在 1895 年 5 月 21 日致考茨基的信中讲到经济发展同宗教改革的关系时写道：只有从 15 世纪末德国在世界市场上和国际经济中的地位，“才能说明，为什么在英国、尼德兰和波希米亚已经衰败的具有宗教形成的市民—平民运动在 16 世纪的德国能够获得一定的成就，即宗教伪装的成就”[①]。中世纪的欧洲是由天主教会统治的。德国的天主教会既有宗教特权，又拥有封建特权。大主教大多数就是大封建主，教会约占有全德土地的三分之一。教会在征收贡税之外还出售圣物和赎罪符等，巧取豪夺。同时罗马教廷在 16 世纪初还从德国教会榨取大量钱财，以供挥霍，以致德国曾被称为“教皇的奶牛”。宗教压迫和阶级压迫交融在一起，终于在 1517 年爆发了以马丁·路德(1483—1546)为首的宗教改革运动。恩格斯曾把 16 世纪的德国宗教改革和 17 世纪的英国革命以及 18 世纪的法国革命并列为近代资产阶级反对封建制度的“三次大决战”[②]。路德生于农民矿工之家，大学毕业后进入修道院，1507 年当上神甫，1512 年威丁堡大学授予他神学博士学位，并聘请他为教授，1515 年任图林根地区十一所修道院的监

① 《马克思恩格斯全集》，第 39 卷，第 462 页。

② 《马克思恩格斯选集》，第 3 卷，第 390、391、395 页。

督。1517年10月罗马教皇利奥十世以修缮教堂为名，派人到德国贩卖赎罪符，立即遭到路德带头反对。他在教堂门口张贴自己笔书的《九十五条论纲》，要求公开辩论赎罪符的功效问题，主张建立廉俭教会，反对教阶制和繁杂的礼拜仪式。路德以最激烈的口吻大声疾呼："我们既然用刀剑惩治盗贼，绞索惩治杀人犯，烈火惩治异教徒，为什么我们不运用百般武器来讨伐这些身为教皇，红衣主教，大主教而又伤风败俗不配为人师表的罗马罪恶城的蛇蝎之群，并且用他们的血来洗我们的手呢?"[①]恩格斯讲到这一段历史时指出："路德放出的闪电引起了燎原之火。整个德意志民族都投入运动了。"[②]其中农民和平民把路德反对僧侣的号召看成是发动起义的信号。1520年8—10月间，他进而连续发表了《致德意志民族的基督教贵族书》、《教会的巴比伦之囚》和《论基督教的自由》三本小册子，被称为德国改革的三大论著。书中否定教皇和教会的权威，主张提高世俗权力的政治地位，呼吁建立脱离罗马教廷的德意志教会提出一系列改革教会的建议，如禁止出售赎罪符，允许教职人员婚配，简化弥撒仪式等。这些观点主要反映了新兴资产阶级的要求。但是这些人和下级贵族甚至诸侯卷入宗教改革的潮流，其目的只是企图打破僧侣的权力和罗马教廷的羁绊，打破天主教等级制度，并没收教会财产而从中渔利。当各种派别形成起来后，路德这位"一鸣惊人声势煊赫而被一团趋炎附势之徒簇拥着的伟大人物毫不踌躇地抛弃运动中的下层人民，倒向市民、贵族和诸

①② 见《马克思恩格斯全集》，第7卷，第406—407页。

侯一边去了”[1]。1521年春,当矿工、农民和学生起来反对教会时,路德竟要基督教徒“严防暴动和煽动”,“应该约束自己,切勿乱说、乱想、乱动”,只许“合法的前进”。这样他终于被人民抛弃了,群众甚至用石子打他,在他房门上涂焦油,痛斥“这个诸侯的家奴”!

在德国宗教改革运动中崛起的另一位领袖人物却深受人民爱戴,这就是托马斯·闵采尔(1489—1525)。他出生于一个铸造钱币的小手工业者家庭,上中学时曾组织秘密团体反对教会专制统治。1506年进莱比锡大学学习哲学和神学,后当过教师、传教士和神甫。1517年路德揭起宗教改革旗帜后,他当即投奔路德门下,成为路德的积极拥护者。1520年路德推荐他出任茨维考城圣玛利亚教堂的代理神甫。在这里他同矿工、纺织工当中出现的再洗礼派常有来往。所谓再洗礼派,就是不承认教会强制婴儿刚出生就要受的洗礼,主张教徒到成年时必须自觉自愿再次受洗礼。再洗礼派反对封建制度,主张实现社会平等。闵采尔积极支持再洗礼派。1521年他得知路德走向反对革命之后就同他分道扬镳,彻底断绝关系,并转向社会主义、共产主义。他随后发表了《对诸侯讲道》、《答路德书》等文稿,主张通过工农起义推翻反动政权,实现“千年太平天国”的理想,消灭私有制度,达到财产共有,共同平均分配。恩格斯这样评价:“闵采尔所了解的天国不是别的,只不过是没有阶级差别,没有私有财产,没有高高在上和社会成员作对的国家政权的一种社会而已。”[2]“闵采尔预测到共产主义。”[3]闵采

① 《马克思恩格斯全集》,第7卷,第406—407页。

②③ 同上书,第414、459页。

尔是德国近代史上第一个代表下层工农提出空想社会主义、共产主义的思想家和实践家。他言行一致，1522年就深入到各地工农群众中去宣传并实践宗教改革。1524年在下层群众中组织秘密团体“上帝的选民同盟”(即“基督教同盟”)，从事革命活动，遭到反动势力侮辱、传讯和追捕。他死里逃生，易地投身到农民战争中去。

由于德国新兴市民资产者阶级的软弱性，所以以路德为代表的宗教改革未能在德国掀起政治性的资产阶级革命风暴。但是却在下层贵族和农民中产生了巨大反响。正如恩格斯所说：“路德发出的反对教会的战斗号召，唤起了两次政治性起义。首先是弗兰茨·冯·济金根领导下的贵族起义(1523年)，然后是1525年的伟大的农民战争。”[①]弗兰茨·冯·济金根(1481—1523)于1522年领导骑士暴动，向封建诸侯发动进攻，主张建立骑士阶层为主体的君主国，得不到市民和农民的支持，起义失败，济金根战死。实践证明，德国农民的革命性和力量却比下层贵族和市民强得多、大得多。从1518—1523年连年已有农民起义迭起。1524年6月在西南部士瓦本地区农民为拒绝纳税服役爆发了大规模起义。到1525年扩展到北部法兰克尼亚、图林根和萨克森地区。卷入斗争的农民达到全德三分之二地区。1524年底，士瓦本地区的农民起义军，在闵采尔的影响下拟订了斗争纲领《书简》，主张没收封建主土地，消灭统治阶级。1525年2月闵采尔到图林根地区领导农民斗争。3月，邻近的萨克森州缪尔豪森城的平民在农民起义的推

① 《马克思恩格斯选集》，第3卷，第391页。

动下推翻了城市贵族统治，建立人民政权“永久议会”，推举闵采尔为主席。他当即宣布：取消领主，财产共有，人人劳动，人人平等，建立没有阶级、没有剥削的社会。革命政权曾扩大到周围城乡，但是到5月底即遭到镇压。闵采尔在激战中负伤被俘，从容就义，年仅三十五岁。德国农民战争的失败原因“主要是由于最有切身利益的集团即城市市民的不坚决”。[①]

总之，德国资本主义经济和矛盾的最初发展提出了新的社会问题，封建割据与君主制又妨碍了资本主义的发展并且加重了压迫，宗教改革的不彻底加深了教会内部新旧势力的矛盾和思想上的冲突，加上农民战争的失败，促使人们重新考虑改革的方案和途径。软弱的市民（即资产阶级）无所作为，无产阶级还处于萌芽状态，农民阶级刚被打败，中小贵族阶层也大受挫折。在这种情况下，只有知识分子当中的有识之士孤立地去虚构并且把希望寄托于未来的理想国。这就是德国在17世纪可能培养出空想社会主义明珠的经济、政治和思想方面的三个客观条件。

我们还要从约·凡·安德里亚本人的经历和特点来考察德国空想社会主义代表作出现的主观条件。

安德里亚1586年8月17日出生于德国西南部符腾堡州杜宾根市附近的赫伦堡。[②] 他的曾祖父是一个金属工匠，他的祖父雅可布·安德里亚曾任杜宾根大学神学教授和校长，积极推行宗教

① 《马克思恩格斯选集》，第3卷，第391页。

② 这里所写有关安德里亚生平材料，采自《基督城》一书英译本所附作者传记和《新沙夫—赫查宗教百科知识》（1908年英文版）和《科学家传记辞书》（1970年英文版）所载“安德里亚”条目。

改革，1577 年宗教信条协议的主要制定者，被称为“符腾堡的路德”。他的父亲约翰·安德里亚是路德派神甫，曾任赫伦堡神学院院长，后来改任哥尼斯勃朗修道院院长，还曾热衷于化学炼金术。1601 年父亲去世后，年仅十五岁的小安德里亚随其母玛利亚·莫瑟·安德里亚迁到杜宾根。她也对研究自然极感兴趣，晚年在药房供职。约·凡·安德里亚从小体弱，但是受到良好的家教。其父的宗教和科学素养，其母的文静严谨均深深地影响了他，使他自幼喜爱熟读宗教经典并好奇地探究自然界的奥秘。1601 年他进杜宾根大学，贪婪地攻读他极感兴趣的天文学、神学、历史和文学，研读了李维[①]、约瑟法斯[②]、伊斯拉莫斯[③]和曼斯特[④]等人的著述，还热衷于音乐和绘画，又刻苦掌握了拉丁文、希腊文、希伯来文以及法文、西班牙文、意大利文和英文。从这些众多学科的学习情况来看，安德里亚是一个才智出众的人。他自己也认为他的才智背景同 1589 年刻卜勒[⑤]在那里学习时极为相似：既具有马丁·路德的宗教改革观念，又酷爱研究自然。1603 年他得到学士学位，1605 年又荣获硕士。在校期间，有两位教师对他影响尤大，即神学家马蒂亚·赫劳里弗和数学家密契尔·麦斯特林。他们曾教过刻卜勒。此外，刻卜勒的一位助手克里斯托弗·贝索尔德也使他受益匪浅。博学多才的贝索尔德指导他学习多种语言，并且供他

① 李维(公元前 59—公元 17)，古罗马历史学家。

② 约瑟法斯(37？—95)，犹太历史学家。

③ 伊斯拉莫斯(1466—1536)，荷兰学者，文艺复兴领导人之一。

④ 塞巴斯廷·曼斯特(1489—1552)，德国数学家、制图师，1544 年他绘制的《宇宙志》是欧洲的著名作品，在德国印刷过大约 40 版，安德里亚从中获益甚大。

⑤ 刻卜勒(1571—1630)，德国著名天文学家、物理学家，曾发现行星运动三定律。

自由地使用丰富的私人藏书。这样他得以广泛阅读文艺复兴时期人文主义者的进步著作。他很钦佩西班牙诗人、小说家、神学家拉蒙·鲁勒(1233—1315)、瑞士炼金家和医生巴拉塞尔士(1493—1541)、意大利15世纪短命而博学的学者皮科等人。1607年由于涉及一些大学生破坏校规的事件,他被开除出校,从此结束了学生生活。总之,二十一岁的安德里亚,从家庭和学校受到优等教育,有广博的学识和追求进步的思想,这为他一生的成就奠定了坚实的基础。

从1607年起他走向社会。先周游国内许多地方,如法兰克福、海得尔,随后又到法国、西班牙、奥地利、意大利和瑞士。他主要依靠给上流家庭当私人教师来维持生计。生活虽艰苦,足迹遍天涯。1611年,他访问了瑞士的名城洛桑和日内瓦,那里宗教改革的新成就、加尔文教徒平等和谐的社会组织,给他留下了深刻的印象,使他流连忘返,以致萌发了将其特色引进德国教会中来的想法。1612年他在意大利的罗马参观了柏拉图式的学院。作为一个旅行家,为时五年的国内外的漫游极大地开阔了他的眼界,使他对当时西欧新兴的资本主义制度及其所带来的社会变化和社会矛盾有了许多感性的认识。同时,欧洲文艺复兴运动在思想文化界所形成的清新气息和人文主义思潮对中世纪以来长期禁锢人们思想的旧神学的冲击,也给予他很大的震动。这都为他后来撰写空想社会主义作品提供了重要的生活源泉。

1614年安德里亚又回到国内,这是他从事著述和教职的新时期。他先在杜宾根,继续在赫劳里弗的指导下研究神学,并将老师的教义写成概要发表,1612年出版《基督教宇宙观的诞生》,赞扬

了早期的基督教。又根据麦斯特林讲授的数学加以整理和发挥，于1614年出版了《数学论文集》。他同著名科学家刻卜勒有过交往，得益不少。同年，他在魏欣根成家立业[①]，担任教区牧师。1614—1620年在魏欣根期间，他为继续改革宗教操劳。这时路德派的正统宗教观念日益枯燥乏味，并且流于俗套，这使他深感失望。他想为全体信徒创立一种教会的联合体，共同过着虔诚而纯朴的生活，献身于研究自然、理性和公众的福利。为此他致力于创设教区间的救济联合组织，主要是为贫苦人，尤其是为工人建立起一种互相支援、互相保护的协会，由教区教友和会众自愿捐助来维持这个组织。这项工作更加激发了他同情和解救贫苦人的热忱。这个时期，他从事大量著述。他一生大约著了一百种作品，其中四十种是在魏欣根这六年写成的。他的代表作有《博爱论》、《神友》、《忏悔录》等。在1614年问世的《博爱论》中，他描述了一个亲密伙伴关系的社会组织模式，并且草拟了一个开展科学研究的计划大纲，旨在促进德国的"普遍改革"。从国外归来后，德国在经济上的落后、政治上的分裂和思想文化上的保守，使他深感非大加改革不可。许多激进人士这时都在认真思考并纷纷提出改革的设想和方案。他的空想社会主义名著《基督城》就是在这种社会历史背景下在杜宾根写出的。

在创作《基督城》时，莫尔的《乌托邦》和康帕内拉的《太阳城》曾给予他直接的影响。可以说，这两颗耀眼的明珠就是他得以孕育空想社会主义第三颗明珠的重要思想源泉。莫尔的著作他大概

① 这一年他与阿尼斯·伊丽莎白·葛鲁林结婚。他们总共生有九个子女。

早在杜宾根大学学习期间或者后来在国内外游历期间就已详细读过，以至他在《基督城》开头部分就自谦地说道："这里并没有说什么对著名的托马斯·莫尔不利的话。至于说到我自己的作品，那是很容易把它弃如敝屣的，因为它不像莫尔的作品那么重要，或者那么丰富。"[①]《太阳城》一书是康帕内拉于 1601 年在监狱中写成的。1613 年，德国学者托维·阿达米外出旅行来到意大利，他曾经读过康帕内拉的若干著作的手抄稿，对康帕内拉非常钦佩。他在那不勒斯到狱中拜会康帕内拉，与之多次交谈，成为知音好友，愿意帮助出版其著作，康帕内拉遂把包括《太阳城》在内的手稿交给阿达米。回德国后，阿达米主办了一所学校，亲自宣讲康帕内拉的思想。大约 1614 年，安德里亚的助手托比亚斯·阿达米把《太阳城》手稿带到杜宾根，在这里如石击水，激起了层层波澜，导致出现了各种乌托邦思想。然而，成就最为突出、影响最为深远的，厥为安德里亚的《基督城》。他正是在上述种种客观和主观条件的汇合下，油然作云，沛然下雨，于 1618 年写出了这本名著。安德里亚从《乌托邦》和《太阳城》得到直接启发，然而，他既不是临摹复制，也不是刻鹄类鹜，而是师承创新，另辟天地。他运用自己掌握的各种科学知识，结合多年国内外游历的见闻，以他信奉的基督教教义为宗旨，精心构思，着意描述了他的基督教的理想国。1619 年出版《基督城》时，他年仅三十三岁。这一年他还翻译过康帕内拉的好几首十四行诗。《基督城》一书是献给当时德国著名神学家约翰·安梯(1555—1621)的，因为安梯的《真正的基督教徒》一书也

① 《基督城》前言，英文本第 141 页。

给予他以启示,为他树立了一个真正舍己为人的人物形象。安德里亚的著作和活动,使他成为当时杜宾根一带深孚众望的智士之一。

从1620年到1638年,他是卡尔夫城的教长。在这里,他进一步设计自己的理想国的方案,并且努力付诸实践。他相继发表《基督教社会的典范》和《奉献基督的爱的使者》等论著(后者于1647年由约翰·霍尔译成英文在剑桥出版);并且继续组织教区协会,还在纺织厂和印染厂工人之间建立联系,组织互助,这项事业逐步兴旺发达,受到世人良好的赞助。他自己也慷慨解囊,关注众多难民的生计,深得人心。他还开展教育活动,创办教养院,把儿童作为教育对象,试图用他《基督城》的理想造就一代新人。正当安德里亚兴致勃勃地从事改革实践之时,突然祸从天降。1618—1648年三十年宗教战争以德国为主要战场。这是一场以新旧教之争为名,实际上是皇帝和新旧诸侯以及几个大国之间争权夺利的战争。1634年,约翰·冯·魏斯的部队洗劫了卡尔夫城,四千居民中仅一千五百人幸免于难。瘟疫又夺去了几乎一半幸存者,安德里亚也损失惨重,特别是他的许多手稿和珍藏的绘画和各种艺术珍品都遭到兵燹之祸。但是他不顾个人安危得失,忍苦投入救死扶伤的工作。他不仅是牧师,而且又是医生和掘墓人。当传染病被制止后,他又致力于恢复法律和秩序。1639年他受聘到斯图加特城担任教堂牧师和宗教法院法官。当时整个符腾堡满目疮痍。他靠一位公爵的资助,在这里重建杜宾根神学院和体育馆,继续周济周围的贫苦人。1650年他担任符腾堡的总主管,但由于健康不佳,当即辞职,到伯本豪森修道院当院长,1654年又到阿德堡修道院,

6月27日病殁于此，享年六十八岁。总之，后半生他仍然忠于他的《基督城》的理想，并且为之鞠躬尽瘁，死而后已。

三、《基督城》一书的梗概和特点

同《乌托邦》、《太阳城》一样，《基督城》也是采取文学游记的体裁，描述一个海外仙岛上新型的生产资料公有制的社会制度。但是具体的写法却有所不同。《乌托邦》一书是采用别人同作者畅谈海外观感的形式，《太阳城》是采用一个招待所管理员和一位从海外归来的热那亚航海家对话的形式，这两种形式都是间接转述别人的见闻；而《基督城》则采取第一人称的写法，记叙了作者亲身的经历，直接的观察。这种第一手的游记使读者如临其境，如亲其事，如见其人，如睹其物，更加亲切，更具有吸引力和感染力。全书共分一百章，每章只有几百字或千把字，分别记述一事、一人、一物或者一个侧面，短小精悍，像是独立成篇的小品文，便于阅读，便于掌握。书中还附有一张“基督城”平面图，更给予读者以总揽全局的直观印象。这是安德里亚创作运笔独到之处。缺点是各篇内容并非都是连贯的，例如谈到官员设置和公共事务管理之后，穿插进住宅和家具陈设，然后又写国家三人执政，而不是严格按经济、政治、文教等等顺序，显得思想逻辑性不够强。

作者记述自己为探究科学而到大海上航行，结果船被风浪撞碎，幸存者寥寥无几，他只身漂流到一个位于南极的孤岛。他惊奇地发现这里是一个世外桃源。这个基督城据说是最忠实的基督教徒，当初遭到迫害时漂洋过海，选择佳境，在这里逐步建立起来的。他，作为一个外来人，几经审查，查清其品行、为人和文化程度之

后，才被接受进城参观访问。

市区很小，方圆只有八百五十四米，居住着大约四百个公民。只有一条六点五米宽的街道，有一个商场，每一排住房间隔也都是六点一米宽。市区分为三部分：一部分设磨坊、面包房、肉店、供应站、仓库等；另一部分是健身锻炼之所；还有一部分是游览观光的胜地。城市北区为屠宰场，西区为锻造场。城墙之外有一道护城河。郊区大片土地供农业、畜牧业和手工业作坊使用。生产资料均归公共所有，所有产品也都交到公共仓库。“整个城市可以说是一个大工场，但是有各种各样的手艺。”[①]基督城可以说是工人的天下。只是全部生产还是手工劳动，因此生产力水平还是低下的。所有适龄人全都劳动，没有剥削者、懒汉和奴隶，劳动有专业分工，从事工业、农业、畜牧业者都有专门的技能。不像在“乌托邦”里还保留有奴隶，也不像在“太阳城”里没有劳动分工，既从事工业又从事农业。劳动时间不长，但是也没有具体规定劳动时间有多长（“乌托邦”里每天劳动工作六小时，“太阳城”中每天只劳动四小时）。在劳动之余有“全国性的休息”，以振作“心灵上疲惫的器官，磨砺我们的智慧”。到晚上，全城灯笼通亮。他们认为，这种大放光明的方式会使在黑夜中工作的人们减轻恐惧，会减少很多罪恶的勾当。

在“乌托邦”和“太阳城”，人们都是集中在公共食堂用餐，而“基督城”所有的人都是各家自管每日三餐。因为他们认为在一起用膳的人过多，就难免产生争执和混乱。食物按年成和人口发给，

① 《基督城》第16章，英文本第160页。

肉、鱼、禽等每人一份,应发的次数和各人的年纪均在考虑之列,只有酒是一次发给供半年喝的。尽管面包是领来现成的,然而每日做好四盘菜也够辛苦,以至作者发出这样的感叹:假如能够摆脱一日三餐的劳累,“我们的肩膀将会卸下多重的负担啊!”[①]可见真正幸福的生活还是必须实现家务生活社会化。在穿着方面,每人只发两套衣服,一套工作服,另一套是节日穿的。衣料是用亚麻或者毛织的(分别适用于夏天或冬天),颜色一律是白的或灰的,任何人都没有花哨和考究的穿戴,衣服的样式仅在性别和年龄上有所区别。在居住方面,没有私人住宅,由国家统一分配和指定个人使用。所有的建筑物都是用赭色的石头建成的。中间隔着防火墙,即使遇上火灾也不至蔓延。住宅都是同一式样,一律三层楼,每套都有三间房,即卧室、盥洗室和厨房,室内既有炉火御寒,又有窗帘挡热。家家都有阳台和花园,还有地下室贮藏杂物。室内家具有床、桌等,陈设虽简单,都很整洁。还有庭园种菜、种药、种花、养鸟,供人食用、医用和观赏。各家都有清澈之水从城外流到弄堂小巷中来,同时由地下水道带走污泥浊水。供个人专用的浴室比比皆是,还有其他清洁设备供人清除污垢,脏衣服可以送到洗衣房。

从吃、穿、住、用等方面来看,体现了公平、方便的原则,但是由于手工生产水平不高,所以人们生活并不富足,而且带有明显的平均主义色彩。

《基督城》不仅设计了人们的吃、穿、住、用,而且对生、老、病、死也有自己的构想。“乌托邦”虽然实行一夫一妻制,但却是大家

① 《基督城》第 15 章,英文本第 160 页。

庭制度，每户成年人有十至十六人之多；“太阳城”则是公妻制。“基督城”与之有所不同，这里的一夫一妻制实行得很稳当。男的二十四岁、女的十八岁以上才能结婚。结婚除了男女真诚的爱情之外，还要征得父母的同意，亲戚的认可和法律的允许。不需要任何嫁妆，也不大办筵席，家什和住房都由公家提供。这里是实行小家庭制，每户只有三四个人，即父母与一两个小孩子。大孩子都集中在学校住宿。安德里亚的理想是小国寡民，并不主张无节制的生育。孀妇集中住在一起，以免生活孤单，居孀要满一年才能再醮，以表示对前夫的敬爱。鳏夫也要满一年方可再娶。婴儿出生不举行什么盛宴，接生员都有科学知识，照料产妇和婴儿的大部分是寡妇，妇女产假是四十二天，产假期间有特别供应。如果是孤儿的话，也会得到国家一视同仁的教养。老年人因对共和国出了大力，有过功绩，所以深受人们最大的尊敬，并得到特别照顾，国家指定专人护理他们。病人可以平等地随意享用医药、诊所和厨房，所有的人都会立刻给予帮助。大批医生没有围着大人物团团转，普通老百姓也没有感到冷落的痛苦。国家把照料病人的工作托付给很有技能的已婚妇女和寡妇。除了药物治疗之外，还惯常使用心理疗法，病人的精神得以振奋起来。这个共和国的人都有视死如归的精神，懂得死亡的真谛，他们对死亡处之泰然，他们把死亡称之为“长眠”，不需要留下遗嘱，要是最后有什么意愿的话，可以告诉他们的朋友。死者要穿上长袍，只让脸部露在外面，送葬者人山人海，唱着赞美诗，表情平静，因为他们认为对于基督徒来说，祝贺总是胜于悲伤的，悲伤除了削弱生者之外，别无其他结果。死者很少留下墓志铭，因为这几乎无法写得恰到好处。他们认为把一个

人一生的真实表现留传给后代，比编写出来的碑文更加妥当。墓地都在城外，城内是供活人生活的。这里还是实行土葬，这比起《乌托邦》和《太阳城》中主张的火葬，可以说是倒退了一步。

从以上对待生、老、病、死的态度和措施可以看出，其中是充满人道主义、集体主义、平等主义、现实主义精神的。

"基督城"人们的思想精神素养达到很高的境界。有杰出才能的人不取任何额外的报偿。这里没有人由于门第显贵而享受特权；或者任意犯罪和带头腐化；也没有不曾堕落的英雄后代使人感到惊奇的现象。"在这个共和国里，继承头衔或者血统都没有什么价值，只有品德才是值得称道的。"[①]他们宁愿说真话而受辱，也不愿说假话而显荣。他们树立了人类三种良好的品质：一律平等、渴望和平与蔑视金钱。

对政权和政府的设想较为简略，但是也颇有特色。"乌托邦"的最高执政者是一个终身任职的"哲学家的皇帝"，"太阳城"虽是共和国，但是其最高执政者也是终身任职的被称为"太阳"的人。"基督城"既不是君主国或者不称为君主的君主国，也不是有终身职最高执政者的共和国，而是集体领导的共和国，这种政治体制无疑前进了一步。为了防止个人专权，共和国由三个人联合执政，分管司法、审计和经济。但是，并没有说明他们是怎样产生的，也没有指明任期，看来还不是完善的共和国。作者欣赏的是寡头政府。在三人执政之下政府共有官员八个，每个官员还有一个下属作为助手。所有这些官员丝毫没有傲慢专横的样子，"他们领导别人不

① 《基督城》第 20 章，英文本第 165 页。

是靠言辞，而是靠自己的模范行为。”[①]作为立法机关的议会由二十四名议员组成，他们都是全体公民中最卓越的人。法律和律师在这里都没有什么用处，因为大家都是循规蹈矩地生活，除了一年一度要尽纳贡的义务之外，不受任何法律约束。解决争端与纠纷易如反掌，无须求助于法典。律师在这里是专门给人抄写的，其书法艺术有很高水平。假如有人一再无视警告，违反公共利益，那也要分别轻重给以惩罚，但是他们反对处以死刑。

国家还设有档案馆，保存法律、国家公布的条例以及记载先辈言行的编年史，等等。凡是对国家作出卓越贡献的人都得到极大的荣誉。但是谱写历史人物不许舞文弄墨，夸张恭维，搞个人迷信。基督城的人民对自己所做的一切事情，哪怕关于他们的缺点也都坦率地承认，其目的在于让后代有可能原原本本地了解过去的历程。

基督城的人民期望“遍及全球的和平”[②]，为着防御外敌入侵，还不得不设有十二个坚固的大塔楼和十六个小塔楼，防守严密，另外还有兵器库。虽然人们不满这种残害人类的武器，但是还要把武器分发给各个公民，以便在突然发生紧急情况下在家中就做好保卫工作。靠近兵器库的是国库，这里储存有大量金币和银币，但是并非用于国内，而是用以准备和外国人做生意，赠送给外来的人。他们很节俭地招待外来客人食宿一两天，对于流亡者则长期予以支持，对于有病的人则加以无微不至的关怀，然而不让外来的

① 《基督城》第 21 章，英文本第 167 页。

② 同上书，第 71 章，英文本第 233 页。

客人大模大样地随意走动而感染疾病。对于穷人则给以足够的帮助,而且不让他们离开时空手而去。从这些方面来看,基督城对外既立足于防御,又实行开放,既与外国互通有无,又尽可能给予外来人以帮助,并不是闭关自守,孤芳自赏。

以上是《基督城》这个理想国经济制度、社会生活、精神风貌、政治制度和对外关系的梗概。

作为空想社会主义史上的第三颗明珠,本书还具有三个鲜明的特色,即崇尚科学技术、重视教育和信奉基督教。这三点同安德里亚本人的上述经历以及他所受康帕内拉《太阳城》的影响有直接关系。他是神学家,从上大学起就热衷于研究自然科学,后来又从事教育实践,因此很自然地把自己的追求和信念融进亲自描述的理想国。同时这三个特色也闪耀于《太阳城》之中,当然安德里亚并没有简单照搬。

《基督城》的一个鲜明特色是把科学技术放在显要地位。为了发展化学,基督城在国库重地后面,设有配备最精巧装置的实验室;为了发展生命科学和医学,还设有解剖室,既解剖动物,也解剖人体;沿着解剖室走,就来到物理大楼,这里以各种图像展现了自然发展的历史,包括天空的万千气象,地上各处宜人的景色,以及不同族类的人们和动物;再往前走,还有机械器具陈列场,那里摆着近期发明的望远镜;邻近还有数学大楼,其中有星罗棋布的天空图和日月星辰的复制品、地球的地理图表等。此外还有医学研究室,在这里深入探究各种疾病及其治疗和预防之道,还有一个房间进行外科手术训练。同时专门研究药物学,以至在药物供应店里有经过精心选择的珍品,在世界上是无与伦比的。

这里的科学研究很注重应用于实际，使之变为直接的生产力。“或者用简单的一句话说，这里实行的是一种应用科学。”[①]所以基督城里有很多高级手艺的技师，如时钟制造师、金箔锤制师、镌刻师、雕塑师等等；还拥有大批的技工，如铁匠、铜匠、锡匠、锻工、车工、纺织工、漂洗工、制革工以及制盐、制砖、制造玻璃、制造陶器的工人等等。在技工中还要开展互相竞赛，“其目的在于使人拥有某种手段，并且利用这种手段，使人们和他们思想上最显著的优点能够通过各种不同的机器展现出来”[②]。可见，在 17 世纪初，安德里亚就已经提出了要发展机器生产和开展竞赛的问题。

由于注重科技，所以这里的公民对于自然科学都有一种特殊的感情。“他们在很久以前就受过训练，深谙科学工作的个中三昧，并且对于自然界的内部奥秘感到由衷的兴趣。”[③]我们知道，英国哲学家、科学家弗朗西斯·培根(1561—1626)的空想社会主义作品《新大西岛》(写于 1623 年，出版于 1627 年)着重描述了科学技术在未来社会主义社会中如何主宰一切，而《基督城》(1619 年出版)却比《新大西岛》早几年，就揭示了科技对社会主义的重大意义的真理。

《基督城》的另一个鲜明特色是非常重视教育。宽敞而漂亮的学校设有八个讲堂，这就是文法、逻辑、算术、音乐、天文学、自然科学、伦理学和神学。其中包含智育、美育、德育、体育等方面。智育是多种多样的，分门别类对学生启迪智慧。其中每一个讲堂都包

① 《基督城》第 5 章，英文本第 155 页。

② 同上书，第 13 章，英文本第 158 页。

③ 同上书，第 11 章，英文本第 154 页。

括几项相关的内容,例如,文法这个讲堂分为三个部分:文法和古代语言,指希伯来语、希腊语和拉丁语;演讲术;现代语言。美育相当普及,并且达到较高水平。当有公共集会时,全体发出的宏伟雄壮的音响就像和谐一致的协奏曲。每个学生都可以根据其爱好,自由选择乐器,古琵琶、小提琴、竖琴、风琴等等应有尽有;合唱队走街串巷,引吭高歌,每周一次,节日另加。学校还特别重视用绘画艺术来进行教育,设有绘画艺术工作室。教学中还利用一连串图片的直观来吸引学生,开导思想。城市到处都有图画装饰,用当地发生的事情教育青年,同时名人图片和雕像随处可见,用以鼓励青年奋发向上,模仿他们的美德。伦理学旨在培养人类的一切美德,诸如谨慎、正义、公道、勇敢等品质。体育活动有赛跑、摔跤、打球、驯马等。总之,学校注重德、智、体、美全面的教育。“在这里,一切都是自由、光明和快乐的。”①

在城堡大楼里有面积极大的图书馆,藏书丰富,并有防护装置。

由于重视教育事业,所以挑选教师特别认真。教师都是上了年纪、富有经验、具有美德的人,他们经常有机会跻身于国家领导的最高行列。安德里亚给教师提出了很高的标准,他认为:“除非一个人能够胜任国家赋予的职责,他是不可能精心培育青年的;而一个能够成功地培育青年的人,也就有权去管理政府事务。”②

学校里的学生按年龄分为儿童、少年、青年三类,食宿都在一起,接受体力和智力的锻炼。学校里给予孩子的照顾要比他们的

① 《基督城》第 51 章,英文本第 206 页。

② 同上书,第 52 章,英文本第 207 页。

父母更加亲密和细致，因为学校请来了最正直的男女导师。“基督城”排除了世俗歧视妇女的偏见，认为女生在接受教育方面是毫不逊色的。学校还注意女生的特点，对学生额外进行手工工艺训练并学习持家艺术和家政学。

“基督城”的再一个鲜明特色是充满着基督教的色彩。城中心有一个环形大教堂，居民每天早、午、晚要作三次公共的祷告，每次集会要进行一个半钟头，借以对上帝所赐予的祝福表示感谢。教堂里每三个月还演出一次宗教喜剧。他们把上帝的帮助视为所有美德中最动人的因素，把高超的才干视为上天精选的结果。他们认为基督城是依靠宗教、正义和学识这三者进行统治的。每个礼拜天都有主要牧师以超群的口才滔滔不绝地向人民布道。教堂还有一个牧师助理，其任务是教育青年，分配圣餐，主持婚礼，慰问病人。学校里还要学习神学、神智学和占星学。基督城的宗教仪式是严谨的。据说当祷告达到有一种内心感觉的和谐在支持着一个人的时候，神的召唤就下达了。讲解圣经，唱神圣的赞美诗，举行圣事，举办圣餐，对上帝忏悔自己的全部罪过以求赦免等等，一应俱全。作者把基督教的这一套做法搬到他的理想国，实际上他认为真正的理想国就是基督教化的国家。直到作者参观完毕，要离开该岛返回时，基督城的总理还祝他在上帝的指引下平安地回去，以后尽可能带领一些志同道合的人到这个理想国来。本书的这个特色使它在空想社会主义作品中显出很大的局限性。

不过我们大可不必因为这一点而贬低这部作品的历史价值。须知，从古罗马，尤其是从中世纪以来，整个欧洲一直是在基督教神学统治之下。直到文艺复兴时期，任何有影响的思想家，无不在

基督教的支配之下，顶多只能以宗教改革家的面貌出现号召群众、影响群众，任何非基督教、反基督教的人物都难以出现，即使能够出现，在群众中也没有多大影响。像德国农民战争的领袖、早期空想共产主义者闵采尔就是提出“千载太平天国”的基督教理想国来组织群众进行革命斗争。莫尔的《乌托邦》和康帕内拉的《太阳城》也是充满着基督教色彩的作品。乌托邦人大多数本来是相信一个称为“密特拉”的神（即古代太阳神），还有信月神或游星的，可是听见拜访者说到基督教教义和奇迹后，“居然接受基督教了，接受得那么容易，那么甘心，真令人难以置信。这也许由于上帝潜移默化的灵感，也许由于基督教是最近乎在他们中间普遍被接受的教义”[①]。不过莫尔主张教会实行民主制，教士由人民选举产生，并且可以结婚，这种宗教主张旨在反对当时天主教会的禁欲主义和专制统治。《太阳城》更是基督教化的理想国。“太阳”是政教合一的领袖，既是国家最高首脑，又是宗教最高首领，僧侣是神和人之间的联系人。甚至还实行人祭制度，由所谓最圣洁的人献身，替全国人民赎罪，祈求上帝宽恕。“太阳城”里，除祭祀外，祈祷、唱赞美诗、忏悔等等，早已是应有尽有。尤其是康帕内拉花了很多笔墨来写星相家的作用和占星术的灵验。这方面的局限性应该说还大于《基督城》，这并没有降低《太阳城》的历史作用。

四、宗教与社会主义是否相容？

早期空想社会主义代表作中的这种普遍的宗教色彩，尤其是

① 《乌托邦》，商务印书馆 1982 年版，第 112 页。

基督教色彩，给我们提出了一个值得深思和探究的老大难问题，即基督教以至其他宗教与社会主义是否相容的问题。从考察历史进程、总结历史经验来看，我认为基督教与社会主义大体上经历了相容——不相容——相容的正、反、合的演变，认清这种历史辩证法是有很大的现实意义的。

从原始基督教的历史，可以看出它与现代工人的社会主义的确有某些值得注意的相同点。对此，恩格斯在 1894 年写的《论原始基督教史》一文中作了很精辟的归纳。他说：基督教和现代工人运动一样，“在其产生时也是被压迫者的运动：它最初是奴隶和被释放的奴隶、穷人和无权者、被罗马征服或驱散的人们的宗教。基督教和工人的社会主义都宣传将来会解脱奴役的贫困……基督教和工人的社会主义都遭受过迫害和排挤，它们的信从者被放逐、被待之以非常法：一种人被当做人类的敌人，另一种人被当做国家、宗教、家庭、社会秩序的敌人。可是不管这一切迫害，甚至时常还直接由于这些迫害，基督教和社会主义都胜利地、势不可挡地给自己开辟前进的道路。基督教在它产生三百年以后成了罗马世界帝国的公认的国教，而社会主义则在六十来年中争得了一个可以绝对保证它取得胜利的地位。”[①]这里概括地指出了古代基督教与现代工人的社会主义有四个共同点：一、共同的阶级基础——被压迫的无权的穷苦阶级；二、共同的社会理想——消灭奴役和贫困；三、共同的遭遇处境——都遭受过迫害和排挤；四、共同的发展前景——在斗争中开辟前进的道路，并且最终取得了胜利。由于基

① 《马克思恩格斯全集》，第 22 卷，第 525 页。

督教与社会主义有这四个共同点，所以从近代空想社会主义诞生时起，基督教一直就与社会主义结下了不解之缘。可以说，空想社会主义就是基督教社会主义的第一种形态。空想社会主义的基督教区别于传统基督教之处在于：一、它不同程度地对传统基督教加以改革，进行批判，赋予它以新的内容；二、它不同程度地发挥、发展了传统基督教中关于反对压迫剥削，主张济世救民等理想，提出了生产资料公有制、人人劳动、人民当家做主等社会主义主张；三、它摆脱了传统基督教关于来世上天堂的幻想，立足于要在人间建立天堂；四、它摆脱了传统基督教只限于个人修身养性的局限，具体设计并且描绘了未来基督教理想国的模式，并且引导广大基督徒为实现这种理想而献身。

自 1516 年莫尔的《乌托邦》出版之后，直到 19 世纪中叶空想社会主义发展到顶峰之时，三百多年间，所有影响较大的空想社会主义的作品，绝大部分都带有基督教的色彩。许多空想社会主义者，本身就是虔诚的基督教徒，甚至是神甫。在 17 世纪，康帕内拉、安德里亚之后，还有温斯坦莱等人，在 18 世纪，有梅叶、马布利、摩莱里等人。即便是 19 世纪的三大空想社会主义者，也未能摆脱基督教的羁绊。圣西门虽然向基督教挑战，可是 1825 年出版的他的最后一部标志着他思想成熟的著作就称为《新基督教》，也就是说他虽然否定了旧的基督教，但是还要“建立一个在道德上大大超过基督教的新信仰体系”①，即他所设想的“新基督教”，用以增进福利、解放工人阶级。傅立叶把人的情欲作为社会发展的动

① 《圣西门选集》(上卷)，商务印书馆 1962 年版，第 123 页。

力，他认为人的情欲是上帝在人身上显示自己的意志，实现其计划，上帝才是世界的根本推动力，所以在他精心设计的未来理想社会的基层组织“法朗吉”里还有教堂，还要祈求并赞美上帝。欧文虽然尖锐地批判了宗教，认为宗教、私有制和现有婚姻制是资本主义社会的三大祸害，但是他并不根本否定宗教，只是主张宗教要宽容，要以一种理性的新宗教来代替旧宗教，他在晚年竟醉心于降神术，更是他的局限性。即使是被恩格斯称为“德国无产阶级的第一次独立理论运动”[①]的杰出代表、“德国共产主义创始者”[②]的魏特林，也是把共产主义归结为早期的基督教，自认为共产主义就是“纯正的基督教”，并且自命为先知。尽管空想社会主义大多披上基督教的圣衣，然而它在历史上还是起过极大的积极作用，使很多工人受到认识资本主义罪恶，追求美好未来的启蒙教育。

到 19 世纪 40 年代，马克思、恩格斯彻底批判了基督教，创立了科学社会主义，这样基督教就与社会主义分道扬镳了。科学社会主义与基督教以及各种宗教在好多方面是根本不同的：一、科学社会主义是无神论，宗教是有神论（不论采取一神论、多神论、泛神论、自然神论种种形式）；二、科学社会主义是建立在唯物史观基础上，宗教是唯心史观；三、科学社会主义是反映了社会发展规律的科学，宗教是人们主观寄托的一种信仰；四、科学社会主义要改变资本主义制度、建立新型的社会主义、共产主义制度，在现实世界实现无产阶级和全人类的解放，宗教则要求教徒在死后的彼岸生

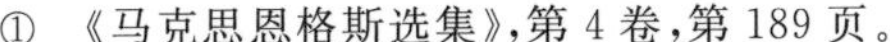

① 《马克思恩格斯选集》，第 4 卷，第 189 页。

② 《马克思恩格斯全集》，第 1 卷，第 586 页。

活中寻求解脱奴役和贫困；五、科学社会主义主张通过积极的斗争来争取无产阶级和一切被压迫人民的解放，它是人民解放斗争的思想武器，宗教强调忍辱负重、顺从驯服，长期以来它被剥削阶级用来麻痹人民的革命意识。

社会和思潮的发展是迂回曲折、错综复杂的。科学社会主义与基督教虽然根本对立，但是在它出现之后并未能根本斩断基督教与社会主义的联系。当社会主义影响越来越大之时，资本主义社会中又出现种种新的基督教社会主义。在19世纪30—40年代，欧洲出现的封建僧侣社会主义可以说是基督教社会主义的第二种形态。例如，德国马格德堡的国教顾问海尔曼·瓦格纳主张依靠政府的所得税收入和基督教的“仁爱”精神来消灭贫困。这些人也反对资本主义，旨在维护或恢复封建主义。马克思恩格斯在1848年出版的《共产党宣言》中指出：“正如僧侣总是同封建主携手同行一样，僧侣的社会主义也总是同封建的社会主义携手同行的。”“要给基督教禁欲主义涂上一层社会主义的色彩，是再容易不过了。基督教不是也激烈反对私有制，反对婚姻，反对国家吗？它不是提倡用行善和乞求、独身和禁欲、修道和礼拜来代替这一切吗？基督教的社会主义，只不过是僧侣用来使贵族的怨愤神圣化的圣水罢了。”[①]这说得何等深刻而形象！当时还出现基督教社会主义的第三种形态，即资产阶级改良主义的基督教社会主义。例如法国资产阶级共和党人菲力浦·约·本·毕舍神甫鼓吹天主教是社会前进的动力，主张由国家拨款援助工人建立生产合作社，以

① 《马克思恩格斯选集》，第1卷，第275页。

便逐步实现社会主义，为此他支持法国工人于1840—1848年间主办了《工场》月刊。马克思指出：这是“为了对付法国社会主义者而开列并由《工场》派的反动工人所采用的药方”①，毕舍提出这个要求是用来“对付社会主义者，是为了索取他们的阵地！”②基督教社会主义这种思潮还弥漫到英、德等国。英国的牧师金斯黎、摩里斯等人于1848年4月11日发表了基督教社会主义宣言书，并且正式提出“基督教社会主义”的名称，随即出版《政治》、《合作》等期刊，举办合作社、工会、劳动大学等。德国的凯特勒、莫方等人于19世纪60—70年代倡导由教徒集资建立合作社，为工人改善劳动条件并提高工资，逐步实现社会主义。这种基督教社会主义实际上是一种资产阶级改良主义，起了维护资本主义制度、缓和劳资矛盾、麻痹工人革命意识的作用。第二次世界大战后，随着世界社会主义运动的壮大，宗教社会主义也更加时兴而且更加扩大了。拉丁美洲天主教占统治地位的国家，20世纪60年代以来出现了“解放神学”、“革命神学”，天主教会中革命派的神甫甚至参加民族民主革命的武装斗争，并且在革命胜利后的新政府中任职，努力推进政治民主化和社会改革，自称也要朝着社会主义目标前进，这是在新历史条件下出现的一种新型基督教社会主义。另外，在西亚和北非阿拉伯国家出现伊斯兰教社会主义，在东南亚地区出现佛教社会主义。在民族民主革命中、在第三世界独立国家中出现的种种宗教社会主义是一种新的社会现象，它反映了在世界社会主义浪潮日益澎湃的形势下，有些人力图把社会主义同各个地区各

①② 《马克思恩格斯选集》，第3卷，第19、29页。

个民族国家的历史文化传统相结合，这样更易于使社会主义为本民族广大群众所接受，也用以抵消科学社会主义的影响。宗教问题不单是信仰问题，而应该把它看作是历史文化传统问题。几千年来宗教往往同各民族的经济政治、科学教育、文学艺术、伦理心理以至风俗习惯交织在一起。不可能通过一场政治革命或社会革命消除宗教的影响。科学社会主义与宗教有以上所提到的五个方面理论上的根本区别，科学社会主义与各种宗教社会主义的区别也是显而易见的，但是两者在实际的社会主义运动中还有相容之处。即是说，要看到社会主义运动必须在各个民族历史文化传统影响的条件下进行，凡是宗教影响大的民族，如果与宗教对立，社会主义政党势必脱离广大群众，成为孤家寡人的小宗派。从我们党在抗日战争时期组织起回民支队并使其发挥重大作用的历史经验可以看出，克服“左”的干扰，善于团结、联合受宗教影响的广大人民群众是何等重要，何等迫切！应该看到宗教的长期性、群众性、民族性、国际性和复杂性。广大的宗教徒也是被压迫、被剥削群众，他们不仅向往消灭压迫和剥削，而且正直善良，洁身自好，急公好义，乐于助人，这就是社会主义运动与宗教可相容之处，亦即社会主义者与宗教徒建立政治联盟和统一战线的共同基础。所以科学社会主义与宗教以及宗教社会主义在理论上虽有不相容之处，但是在实际的社会主义运动中仍有可相容之处。认清这一点对于发展社会主义运动是至为关键的。

在工人阶级和广大人民群众当家做主的社会主义国家，社会主义制度、社会主义建设与宗教更是可以相容，而且应该相容。有人以为，社会主义要消灭剥削，因而也要消灭作为剥削阶级统治工具的宗教。过去凡是急于用行政命令手段或用群众政治运动来消灭剥削阶级的社会主义国家,也急于用这种手段和运动来消灭宗教,甚至自诩为已经是无神论的国家。实践证明,这种"左"的做法,欲速则不达,不但阻碍了经济生产的发展,破坏了政治上的联盟,而且也挫伤了群众建设社会主义的积极性,败坏了社会主义的声誉,反而加强了宗教的影响。应该认清,在社会主义制度下,宗教的性质、地位和作用发生了重大的变化。在剥削阶级的统治下,宗教往往被剥削阶级用来作为愚弄被剥削阶级的工具,成为思想统治以至政治上层建筑的一个重要组成部分,有的国家甚至明文规定奉某种宗教为国教,因为宗教确实能使广大被剥削阶级在精神上有所寄托,安分守己,乐天知命,远离革命。但是在社会主义国家,剥削制度和剥削阶级已经被消灭,宗教主要是作为一种历史文化传统和社会意识而存在,主要是个人的信仰问题。现有社会主义国家,由于旧的传统的影响还较深,经济生产、科学技术和文化教育还不发达,官僚主义还较为严重,许多社会问题一时还难以完全合理地解决,所以宗教还有长期存在的社会基础。我们不仅通过法律保障人民信仰宗教的自由,而且还要看到社会主义与宗教的可容之处。不要把宗教作为社会主义不得不加以承受的对立物,不要只看到宗教的消极作用,而要把宗教作为社会主义继承历史文化而来的内在物,要千方百计地发挥宗教在社会主义建设中的积极作用。一个民族的历史文化遗产都包含有消极部分和积极部分,一般说来对待文化遗产是剔除消极部分,激扬积极部分。有的消极部分难以很快剔除,这就要更细致、更深入地从中去挖掘某些积极因素,既尽量限制消极部分的消极作用,又设法使其中某些

积极因素发挥积极作用。也就是说，我们要善于在异中求同，努力做好矛盾的转化工作。这是更加艰巨的任务。

当今，上述恩格斯关于社会主义与基督教有四个共同之处的观点值得我们重温，通过温故而能知新。此外，我们还要看到，广大普通教徒都是爱国主义者，都有一定的技能并在一定岗位上参加社会主义建设，都具有正直善良、洁身自好等素养，都具有热爱和平、服务人群等社会理想，能够成为建设社会主义物质文明和精神文明的积极力量。因此，团结广大宗教徒是社会主义现代化建设新时期爱国统一战线的重要组成部分。当然，我们也要警惕并反对极少数人利用宗教进行敌视社会主义、分裂祖国和损害群众利益的活动。

认清社会主义与宗教的可容性，就可以看出，当今在我国翻译并出版这本空想社会主义代表作是有很大的现实意义的。本书作为优秀的历史文化遗产，值得文化教育工作者研究，同时也值得我国广大宗教徒，尤其是基督教徒认真阅读。基督教徒们可以从中体会到：他们的先哲是怎样为追求人类理想社会而筚路蓝缕，苦心求索；当今他们完全能够在社会主义建设中奋发图强，作出自己应有的贡献。基督教的社会理想和科学社会主义的理想尽管有根本区别，然而还是有很多相通之处的。

1987年2月25日于中国人民大学寓所

约翰·凡勒丁·安德里亚

目　录

① 本标题为中译者所加。

献给您，最崇高最杰出的人，受人尊敬的基督的传教士——约翰·安梯[1]

我们这个新的国家赞赏您，尊敬您；由于这个特殊的聚居地[2]来源于那个耶路撒冷圣地，而您的确曾经不顾诡辩派的愿望，付出了巨大的勇气去培植它，所以不能不把万物写在您的名分上，不能不感谢您订立一套制度与法则，同时不能不恳求您本着无损于您的身份，以您仁慈之心指点一下您认为什么是应该增添的，或者什么是应该改变的。但愿上帝赐福您最可敬的晚年，使您能够看到越来越多的人留心倾听您对忠诚、正直和学术所作的阐释。再会，尊敬的基督的传教士，因为我聚精会神倾听您所以请您继续把我托付给上帝。

您最忠实的约翰·凡勒丁·安德里亚

1619年1月1日

① 约翰·安梯(1555.12.27—1621.5.11)，德国宗教改革派神学家，重要神秘主义作品的作家，曾对安德里亚有重要影响。——校者

② 指作者所记述的“基督城”。——校者

谨致基督徒读者

在这个国家里，我见到有两种人。一种是，他们尽管公然夸奖和极力维护那些不及他们的或者超过自己的事物，而对它却并不那么满意；另外一种人是，他们对于世事采取忍耐的态度，不过，说真的，他们实际上是毫不犹豫地希望看到更美好的事物，并且服膺温和的改革。但是，后一种人由于畏缩不前和思想意识上的原因，他们从来就不喜欢引起动乱，而宁可尽量退让，所以他们就保持缄默和忍耐；至于前一种人，情况也不例外，他们由于盲目发狂和缺乏自我控制等原因，往往会去攻击、折磨那些只不过是对他们发点绝非出于本意的牢骚的人，并且不时挑起冲突。以上这种情况，就是反对基督的人给我们提供了再明显不过的例子，他们以各种邪恶的重担来对基督的教会施加压力。而且，奇怪的是，有的人虽然可能不赞成这种卑鄙的行为，但至少却容忍了它。即使这样，它还是被认可的，并且表现得相当令人厌恶，因为当有些人寻求以最温和的办法改正这种非常不光彩的事情时，他们却受到了惩罚，失去了法律的保护，甚至天知道还要受到什么样的灾祸的作践；一直到人们的思想被耻辱的事情激怒了之后，他们才冲动起来，要去恢复光明和驱散黑暗。而目前，使他们这样冲动起来的推动力是什么，原因却不大清楚，因为这是违背一切常理的。这究竟是不是一种

野心作怪，使他们不听任何人的劝阻，或者说，是不是如今已成为人们通病的贪心使然；究竟是不是由于智力迟钝，使得他们在善与恶之间无法作出抉择或不加区别，或者说，是不是人们愚蠢到了这般地步，竟然习惯于用美化一切丑恶面貌的办法去看待事物——所有这一切，同我们自己用以反对昭然若揭的真相的极大勇气和最大的善良愿望是根本无法相提并论的。因此，那么多的人们才不无道理地相信，这片阴影是上帝布在坏人心头的，免得他们迎合好人的谦虚，而这是只要利用温和的、宽容的手段就能做到的；此外，那么多的人还相信，一旦宣判他们犯有厚颜无耻的邪恶之罪，并且认为不值得再对他们让步，他们就会被迫更进一步，这样一来，他们的伪装就会剥下，他们在人们中间的影响也就会失掉。

我们的英雄路德博士[①]就是这样行事的，当人们不理睬他的祷告和眼泪的时候，他就开始引用《圣经》恐吓他们。一旦用柔顺的办法无法奏效时，他就开始起来反抗。当他继续从事一段长时间的艰巨努力之后，他开始掀起一股反对的力量，并且取得了极大的成功，使得我们欢欣鼓舞，他却咬牙切齿。我相当倾向于认为这一场戏完全可以在我们今天的时代重演。更加纯洁的宗教之光已经照耀着我们；与此相一致的是，公众事务的管理得到了调整，辉煌灿烂的文学与艺术得到了恢复；我们完全可以彻底战胜许多已被征服的敌人——迷信、放荡和粗野。

不过，魔鬼所设下的秘密圈套给我们带来了麻烦，结果使得我们的喜悦恰似一场幻梦，留给我们的只不过是虚有其名罢了。因

① 即马丁·路德(1483—1546)，德国宗教改革家。——校者

为，尽管我们的所作所为全都要仿照基督的样子，我们对他的名字怀有感情和抱有信仰，然而，由于我们软弱成性，结果竟使得基督徒和凡夫俗子毫无区别。可以这样说，不管我们看到的是教会、法庭，还是大学，到处无不暴露出肆无忌惮的野心、贪婪、酗酒、任性、嫉妒、懒惰，以及基督都为之感到极大战栗的其他恶习，可是我们对此却显得格外高兴。由此可以很容易想见，魔鬼是何等地兴高采烈，他暗中挖空了我们的内核，却讥笑我们对着形体和外表自鸣得意。我们的头脑简单是显而易见的，因为尽管我们很像笃信宗教的、没有瑕疵的、受到教育的人那样聆听教诲，但却满足于任何虚无缥缈的幻影。然而，那个骗子瞒不过所有的人，至少是瞒不过那些在心灵里有一道更强烈的灵光的人。

这些人中间有很多人怀着满腔的热情，甚至就是在我们面前也大声疾呼地提醒世人，而且将来仍然会非常热心地继续这样做。在他们这一群人当中，我只想提一下约翰·日哈德博士、约翰·安特博士和马丁·摩莱博士，尽管最后那个人在涉及最后的晚餐这个主题时有点令人不安，但他们都是极正直的神学家，特别值得一提。当这些人注意到，整个世界都响彻着争论的声音，使人们几乎体会不到基督的精神的时候，他们很想沉默片刻，以便在激烈争论之后有一段喘息的时间，把这个片刻奉献给虔诚的行为，从而让人们把学术的成就同诚实的态度结合起来，使得每一个人都可以给别人增添光彩。人们的这种要求很有节制，而得到的却是心怀叵测的允诺。由于教会的主教不承认买卖圣职的丑闻，政治领袖不承认徇私舞弊的行为，大学不承认缺乏教育的现象，于是他们都被控为大逆不道，被人说成是反对献身、反对正直和反对学术。要是

我们相信那些附和这种论点的人，那么，整个教堂就会给任何喜欢进来的人大开方便之门，他在那里可以和气味相投的人窃窃私语；共和国就会变成一个交易所，各种坏事在那里都可以进行买卖；学院就会变成一座迷宫，在里面到处游荡竟被看做是一种游戏和艺术；而且，不管在这些方面滥用了什么手段，得到的东西都是白捡来的。辩护人出现了，他们过去一直愿意受人蒙骗；善良的人可能会对他们的清白无辜发过誓，而现在邪恶的人却痛恨对他们的恶行提出公开的证据。因为这个有罪的世界更喜欢把它的行为隐蔽起来，而不喜欢让它的行为受到公开的赞扬。

那些在教堂里履行过献祭仪式的人勃然大怒了，因为他们的保障，或者毋宁说他们微不足道的职业，他们无忧无虑的说教，他们精神的修养，这一切全带有过多的世俗气味，都没有受到赞许。况且，牧师还一概加以禁止。世上贪得无厌的人大声吼叫了，因为他们严厉的法律，他们放荡的行为，他们积累的财富，他们藐视永生的态度，都没有得到称赞。甚至他们自己的民政长官，也不准他们这样。有学问的教师为了他们缺乏人文科学的知识，缺乏语言修养，为了各种不值钱的学位和无底洞的开支，甚至为了想要取得学术成就的直截了当的愿望遭到反对，而喋喋不休；于是，正如愚昧所希望的或者毋宁说所需要的那样，伪善承担了、并且粗暴地篡夺了宗教的保护权，暴政代替了民政当局，诡辩代替了学识，这样做当然是提出了许许多多和各种各样的论据的；但是，上帝的斗士，或者说善良事业的公仆，仍然表现得无所畏惧。尽管特别有些人，他们被认为精通国家事务，也有很大的功绩，他们也许希望和期待过更加名副其实的公正，更加有学问，尤其是具有更大的节制

能力，然而，任何曾经比较密切地考察过这个世界的人都明确地指出，对于骗子来说，没有什么比真相和正直更加难以容忍的了；他们对这些憎恨到了极点，以致在暴跳如雷和得意忘形之际，他们竟扔掉了假面具、遮羞布和隐身罩，赤裸裸地冲了出来，于是他们邪恶的秘密也就暴露无遗了。教堂里面的贪得无厌，光天化日之下和学校里的道德松弛，虚有其名而无恒心，毫无节制的挥霍，这些丑行径被卑鄙无耻地宽容了，不仅如此，它们甚至还被大肆宣扬，看到这种现象，没有一个明白事理的人会不反感的。正是由于这个缘故，人家对之很少抱有期望的人，却能够比较容易地让步和服从真理，因为当他们自身的错误一旦被判定为有罪时，他们就会发现，除了身败名裂之外，再也没有别的下场；而且，就是为了这些错误，他们想让他们自己免掉罪过也是徒劳的。于是，他们出于固有的礼节，听取和忍受了申斥；他们供认自己的过失，或者智力上的蒙昧、魔鬼的勾引、习惯的势力、轻信的态度以及其他诸如此类的缺点；他们希望重新成为没有罪过的人。

某种博爱在我看来原是一句空话，但对于神学家来说却是一种严肃的事情，正是这种博爱已经对这件事情提供了明显的证明。撇开怀着好奇心的公众的情趣不谈，博爱一旦许诺给人以极不寻常的甚至人人都普遍需要的东西，那它也就会给人增添例外的希望，使人们希望目前腐败的状况可以得到改正，甚至希望基督的行为会成为仿效的榜样。这件事情经过报导之后，在人们中间会引起多大的混乱，在学者中间会引起多大的争论，在招摇撞骗之徒中间会引起多大的不安和动荡，完全可以说是不言自明的。我们只想补充一点，那就是，在这种盲目的恐怖气氛中，有一些人想要把他们那些老一套的、过了时的、站不住脚的做法完全保留下来，极力加以维护。有些人匆匆忙忙地放弃他们舆论的力量；他们在控告了对他们的极严酷的奴役压制之后，就赶忙去追求自由。于是，进一步从当前的问题来看，有一些人谴责了基督徒生活的原则，把它们看做是异端和狂热。另外的人甚至全心全意地接受这种看法。正当这些人自己争论不休，乱成一团的时候，他们却让别的很多人有空闲去观察和评论这些问题。对于这一点，我们现在有了一点体会。我们觉得，世界并不像它原来所想象的那样明确自己的事务，也不是在自己的观点方面坚定到不可动摇的地步；然而，有一点是最主要的，并不是一切都远远地离开基督而没有一个人愿意承认基督的生活规则，并且在机会到来的时候根据这些规则去调整他自己的生活。而且，对于一个在虔诚、道德和性格方面都具有最高贵品质的人所作的评价，我是倾向于赞扬的。当这个人见到人们表现出优柔寡断，而且大都被这种兄弟关系的说法所欺骗时，他就回答说："假使这些改革是适当的话，我们为什么不亲自试试看？我们还是不要等待他们来完成它吧。"这个意思就是说，要是我们真的希望仿效基督的生活并改进我们每日的生活的话，没有什么会阻碍我们从福音书中学习这些东西，从忠实的基督徒所树立的值得钦佩的榜样中努力做到这一点。我们肯定不会为此伤害基督和《圣经》，以至于竟然会去向某种社团亦步亦趋地学习拯救灵魂的方法，而不愿向本身就是"方向、真理和生活"的基督学习，因为这种社会即使真正存在，它也是一个模糊不清的、只有在它自己那双傲视一切的眼睛里才是全能的社会，它用一块缝补了破绽的盾牌当作标志，并且被许多愚蠢可笑的仪式弄得乱七八糟，而基督的训诫则是那么深入浅出，我们要想

回避它们，就必须利用极其无理的遁词和借口。所以，假使我们心里说，我们有理由抱怨宗教太过于稳重，抱怨生活不太纯洁，抱怨知识受到嘲弄，那么，有什么东西会阻挡我们至少（假设别人不愿意）在我们自己身上清除掉生活的坏习惯，而代之以培养美德，同我们担心远离我们事务的基督更加靠拢呢？

可以肯定地说，除了害怕人们的裁判之外，没有什么东西会允许我们或者允许基督试图让我们不被自己的朋友和通常的生活习惯所腐蚀，并且给我们保存了人们的善意；然而，经历这个困难的年代，这样做仍然很快就会伤害我们，使我们感到痛苦与悲伤，当然，那是由于做得太晚了，因为我们已经把忠诚给予了这个世界，而没有把它奉献给基督。人们把这看作是最好的决心，当人们聆听和接受《圣经》的时候，这种决心不是期待人们或者任何社会或者公众的赞同，而是坚持上帝的旨意和人类的良心，积极地按照圣灵的指引前进，同样勉强地忍受那像蛙鸣一般的不公正的批评，因为总的来说，事情也很清楚，只有极少数人敢于公开抨击虔诚，非难正直和诋毁名声，但他们大都是拐弯抹角，琐碎得很，他们说谎骗人，或者出点坏主意，好让他们不久之后就可以针对着某件事情狂吠一场。于是，首先你会听到很多像“狂热的”、“动乱的”和“对文学的危害”这样的话；然后，你将会被人谴责，将会被迫看到凯米拉①的负伤和盲目格斗者②的战斗。但是，假使你平静地让你清澈的良心支持你的信仰，那么你仍然还会在你的身上找到最大的快慰。

① 凯米拉，希腊神话中狮首、羊身、蛇尾的怪物。意即幻想的破灭。——译者

② 古罗马的斗剑士。——译者

此刻，我的优秀的读者，把你们看到的这个新共和国叫作基督城似乎是再好不过了，它可以被视为基督教的保障的一个最明显的证据。由于别人（我自己也在内）不喜欢受到责备，所以我替自己建造了这个城市，在这里我可以按照我个人的意志行事。而且，万一你们用这个字眼来称谓我自己的微不足道的身份，那么，也许你们离开真实就不太远了。但是，正如绝大部分地方的法律都是好的，而人民的道德观念却是模糊的，所以我担心你们一定会猜想，我的国家里的公民的情况也不会例外。然而，不论如何，我已经决心不去夸奖我的公民，而是要去描绘他们，并且要让你们看到和了解我们按照什么样的规则去支配生活。我不可能更加坦率和自由地对你们叙述各种各样的事情，我不可能更加无限制地把很多事实都摊在你们面前，也不可能超过现有的方式让你们更加无保留地说个没完。不管你们赞成还是不赞成这回事，假使你们以同样的坦率的态度回答问题的话，我还是要称赞你们。但是，如果你们故意用似是而非的言语回答我，那么，对我来说，忍受你们不怀好意的批评和不理睬你们是再容易也不过的事了。假使你们发现我们的国家的确是迷人的，那么，你们就没有什么可否定的；假使你们谢绝接受它，那么，也没有什么会强加在你们身上。我的公民既不浪费他们自己的财物，也不垂涎别人的东西。再说，不管什么东西，只要你们愿意给予，他们都高兴接受，而且，只要你们喜欢，他们什么都舍得赠送。我们的法律并不强迫或者抑制什么人，而是竭力劝说，要人们维护《圣经》，不要向魔鬼投降。此外，这些法律对于所有的好人都可以算是一位顾问。条文的结构谈不上什么艺术，但却简单明了。

我们并没有涉及一切方面。也许我们所说的已经超过了恶人所能接受的，而对于好人来说，不管他们经常多么希望听到这番道理，我们所能奉告的却太少了。

最后，我想说，这是一次公开的表白，这里并没有说什么对著名的托马斯·莫尔①不利的话。至于说到我自己的作品，那是很容易弃如敝屣的，因为它不像莫尔的作品那么重要，或者那么丰富。我已经给我的朋友写了信，因为一个人可以和自己的朋友开开玩笑；但我没有胆量写信给名人，即使我想这样做，我也不敢；即使我有胆量，我也不会有能力；就算他们允许这样做，我也不应该有这样的打算。我对他们深怀敬意，这是由于我了解和承认我缺乏经验的缘故。无论如何，那些愿意学习的人都可以学习，并且让他们记住，在朋友之间，许多缺点都被轻轻地放过去了，这些缺点将不可能经得起心怀叵测的人所给予的严峻考验。要是有人怀疑我书中所描述的真理，那么可以让他暂且不要下评语，等到海上旅行和漫游的各项报告都出来之后再说吧。但是，对于你们来说（假设天国允许，陆上没有障碍，海面风平浪静，有基督在指引着你们的航行，而你们的同伴又都想过着公正的生活），最好的途径就是登上你们的上面画有巨蟹星座作为明显标志的船只，然后利用有利的条件，由你们自己驶向基督城，并且就在那里以敬畏上帝的心情极为准确地考察一切事物。就这样吧，再会，我的基督教徒读者，在你前往天国的途中，做好一切准备吧。

① 莫尔（1478—1535），英国人文主义者、空想社会主义奠基人，1516年出版第一部空想社会主义代表作《乌托邦》。——校者

基督城概况

一　旅行的原因和船只的遭难

我在这个世上像陌生人一样到处流浪，忍气吞声地受尽了暴政、诡辩和虚伪带来的许多痛苦，想要找到一种大丈夫的气概，而又发现不了我所急于想要求得之物，于是我决定，尽管"科学之海"曾经使我吃过不少苦头，我还是要再一次去这个大海上航行。就这样，我和很多人一起登上一艘良好的船只"幻想号"，驶离了港口，从而使自己的身心暴露在由于渴求知识而发生的万千危险面前。有那么一段短暂的时光，情况很有利于我们的航行；不久之后，嫉妒与诽谤的顶头风暴就把埃塞俄比安海[①]搅得波涛汹涌，使我们所希望的风平浪静的海天化为泡影了。船长和水手都使出了全副力气，我们热爱生命的顽强意志决不允许我们低头，甚至这艘帆船也在抵御暗礁；可是，海洋的力量毕竟显得更强大。最后，在一切希望都告落空，我们与其说由于心灵缺乏勇气，倒不如说由于理所当然，大家都做好了归天的准备时，船只破碎了，我们沉没了。有的人立刻被海水吞噬了，有的人消失到遥远的天边，那些会游泳的人，或者抓住船板漂流的人，都被冲散到海中零落的孤岛上去。

① 可能作者是暗指"愚昧海"。——译者

幸存的人寥寥无几。而我形影孤单，终于只身随着海水漂流到了一个极小的岛屿上，它小得简直宛如一块草皮。

二　漂到了开佛·沙拉玛岛

这里的一切都使我感到高兴，就是我对自己却不胜怅惘。此外，这个岛尽管显得小些，可是岛上万物充裕，放眼望去，这里没有一寸土地不曾被耕耘过，或者不曾以某种方式为人类所利用。这个岛屿的位置是我来到之后不久才了解到的，我也乐于对此加以说明。它处于南极地带，正好是南极十度，天球赤道二十度，并且正好对着金牛星座大约十二度的那一点上。[①] 至于细枝末节的问题，我就不准备叙述了。这个岛的形状呈三角形，周缘长约三十英里。岛上五谷丰登，牲畜繁衍，到处都是牧场，河流与溪涧蜿蜒其中，树木与葡萄园装饰其上，这一切使得这个小岛犹如整个世界的缩影。有人可能会认为，这里的天上人间已经融为一体，长久地生活于永恒的和睦气氛之中。

当我正在晨曦中晾干我保存下来的仅有的一件外衣时，岛上的一个居民，也是这个地段的许多看守人中的某一位，突然出现在我的面前。他非常慈和地询问我不幸的灾难，一面对我表示同情，一面嘱咐我要信任他，跟他一同到城里去，在那里，公民们都会像通常关怀外来的客人和背井离乡的人那样，供给我所需要的东西。他说完后又补充说："你是多么幸福呀！你在船破人亡之余，居然

① 安德里亚似乎是故意把他的乌托邦设置在一个不可能存在的地方。——译者

被命运送到这块大地上来了。”而我只回答一声：“感谢上帝！光荣属于上帝！”

三　基督城的由来

在我们到达这座城市的当时，城中旖旎的风光使我惊奇不已，因为世界上其他地方并不拥有这种景物色调，或者说，简直无法与之比拟。于是，我转身对向导提出一个问题：“是什么机会使得这座城市的住所在这里建立起来了？”他答道：“机缘凑巧，那就是在这个世界上人们普遍地生活得很不幸运。因为当这个世界凌虐善良，并把他们赶出疆界的时候，宗教也就随之背井离乡，她把她认为最忠实的信徒聚集在自己的周围，漂洋过海，到处选择佳境，最后看中了这块土地，并把她的追随者安置下来。后来，她建造了一座我们现在称作基督城的城市，并且渴望它会成为诚实与美德的故乡，或者要是你愿意的话，也可以把它叫作基地。你们大概很快就会亲自体验到，我们这个共和国对于每个有匮乏之虞的人都是慷慨为怀的。所以，假使你愿意详细考察这个城市（但是你们考察的时候必须不怀偏见，必须说话谨慎，举止端庄），你是不会没有这种机会的。不仅如此，这个城市内的各个部分对你都是公开的。”我听完后回答说：“嗬，在我怀着恐惧与紧张的心情见过那么多可怕的场面以后，我会有如此特殊的荣幸来观看一些真正雅致和优美的东西，真是机会难得。我既不会规避澡盆、剃刀，也不会规避刷子，因为我洗过澡、剃过须、整理过衣冠之后，就会被允许进入真理和善良的净土。长久以来，我的错误和逃避曾经给我带来多么

大的不幸，这是很多人都知道的。噢，我愿将来总有一天看到更美好、更真实、更牢靠和更安定的环境——总之，这样的环境曾经由世界许诺过，但是却从来没有在哪一个地方出现过！”

四 审查新来的人，首先审查他对生活的看法和他的品行

现在我们来到了这个城市的东门，我的朋友马上就把我介绍给白天门卫的长官。他愉快地接待了我，并且问我想要些什么。我说：“我想要的东西多着哩。正如你亲眼所见，我是个逾越了陆地和海洋的人。此刻，由于我就像在这里遇见了上帝本人一样，我为什么不应该寻求我一生中所欠缺的大量东西呢？”门卫长官对我笑了笑，并且和蔼地劝告我说，因为这个岛上没有什么不好的东西，所以一个人最好不要显出是这个社会里的公民所不能容忍的、会予以遣送回去的人，不要像那班乞丐、庸医、过于悠闲的舞台演员、对稀奇古怪的小事自寻烦恼的爱管闲事者、并无真正虔诚感的狂热信徒、葬送化学这门科学的药剂师、佯称自己是玫瑰十字会会友[①]的骗子以及文学和真正文化方面其他类似的渣滓，这个城市对这班人从来抱有怀疑的态度。于是，我以我最诚挚的良心来证明我是清白纯洁的，并且絮语不休，发誓要以我的全部力量去为真理和完美服务。长官在听完我的陈述之后说：“现在，没有任何理

① 玫瑰十字会据说成立于1484年，是一个热衷于秘术的教会团体，因其发起人毛里斯提安·罗森克罗兹而得名，希腊文罗森克罗兹是玫瑰十字会的意思。——译者

由不让你享用我们所生产的东西，远为重要的是，没有理由不让你从我们身上得到好处。”他说了这一番话，紧紧地抓住我的手，把我带到附近几个看守人或者门卫的家里去，拿出佳肴美酒为我洗尘。

五　其次，审查他的为人

我换上了一套衣服，虽说不怎么漂亮，但却轻易得手，而且相当舒适。长官把我交给几位侍从，由他们带我到第二个审查人那里去。这个人的样子好像生来就是为着掏出别人灵魂深处最隐蔽的思想似的。他非常和蔼地向我答礼，一面对我友好地提出几个问题，一面用批判的目光打量着我的举止和容貌。他不是板着面孔，而是带着笑容，像随便聊天那样问我是哪里人，今年有多大，生活习惯如何。我们经过彬彬有礼的简短寒暄之后，他对我说：“我的朋友，你来到这里，无疑是遵照上帝的旨意。上帝觉得，你也许会认识到，一个人做坏事和按野蛮人的习惯生活，是否永远都是必不可免的。上帝安排，我们对所有的人都必须提供验证，但我们不准备今天马上对你这样做。我们将来再做，会令人更加高兴，因为无论你的天性，或者你的命运，看来都不无这种意向，毋宁说，你具有一颗适于接受两者影响的心。而且，假使上帝的确支配了你，使你摆脱掉肉欲的引诱，那我们就会毫不怀疑地认为，你已经是我们的人了，而且你将会永生。”他一面这样说（我似乎注意到），一面不断地细察我沉着的神态，谦虚的表情，亲密的话语，恬静的眼睛，以及个人的风度。他观察得那么透彻，使我觉得他简直看穿了我的内心世界；他的态度那么和蔼可亲，使我简直无法对他有任何隐

瞒;他对我那么尊重,使我感到一切都多亏了他。就这样,当我的思想全面敞开之时,他终于多少涉及学问的问题。他说:"我的朋友,像我刚才和你谈话的方式可以说是没有教养的,我将会得到你的宽容。请你不要灰心,因为在我们这个社会里,你将会发觉,在学识和文化上造诣甚深的人比比皆是。"同时,他嘱咐一个侍从,要他把我带到第三个审查人那里去。临别时,他和我握手,对我说声再见,鼓励我树立起信心。可是,我暗自思量:"天哪!要是他们把这叫做'谈话的方式是没有教养的',那么,我的谈话该算是什么呢?"

六　再次,审查他的个人文化程度

我来到了第三个人那里,我发现他的盛情厚谊并不亚于前者。一言以蔽之,在这个地方,自高自大和目中无人是无处存身的。但是,当我听到这个人说话的时候,我更感到从未有过的惭愧。我必须说我"不懂得"[①]苏格拉底,不过,意义却完全不一样。谈及学问,我是多么后悔呀!他确实是以极有趣的措词问我:我学会自我控制和替我兄弟效劳到了何种程度?我努力奋斗,视死如归,以及信奉圣灵都做得怎么样?我对天上人间的观察,对自然界的精密调查,对艺术手段的运用,对语言的历史和来源的研究,以及对促进全世界的协调,都有哪些进展?我对教会的团体,对《圣经》的纲

① 苏格拉底说过:"我什么都不懂得。我唯一懂得的就是,我什么都不懂得。"——译者

要，对天国，对圣灵的学派，对基督兄弟会，对上帝这位尊长，都有什么样的关系？当我认识到，我自己以及自然界大量存在的、慷慨赐给人类的许多东西中的一部分竟是如此的微不足道，我感到震惊。就这样，我做了在那种情况下力所能及的事情以后，转过来做了坦率的自白。我说："最尊贵的先生，我对这些事情完全是陌生的，也从来没有听过有关的训示。但是，对于这一点，我发誓要向你作多方面的保证：在心里，我经常都斟酌过这些事情，经常都希望了解它们，而且也曾经敢于动手去处理它们。"他听完我的话以后，几乎提高了嗓门说："你是我们的人。是你给我们带来了一块没有玷污过的石板[1]，它是由大海亲自给洗涤过似的。但我们仍然要向上帝祷告，祈求他用神圣的铁笔，在你的心上铭刻下一些出自他的智慧和善意的对你有益的东西。而现在，你确实可以去看看我们这个城市内的各个部分了。你参观回来之后，我们将听取你的意见，看看你还需要我们帮助做些什么，只要我们思想上有所准备，力所能及就行。"然后，他给我派了三个人，他们叫作比尔兰姆、伊兰姆和尼尔里安。从他们的外貌也可以清楚地看出，他们个个都是值得尊敬的人。他们要带我到处走走。

七　城市的格局

要是我首先给你们描述一下这个城市的外观，那么，我这样做一定是不会错的。城的形状是正方的，每边长七百英尺，周围有四

---

① 英语"未玷污的石板"，可理解为清白的历史。——译者

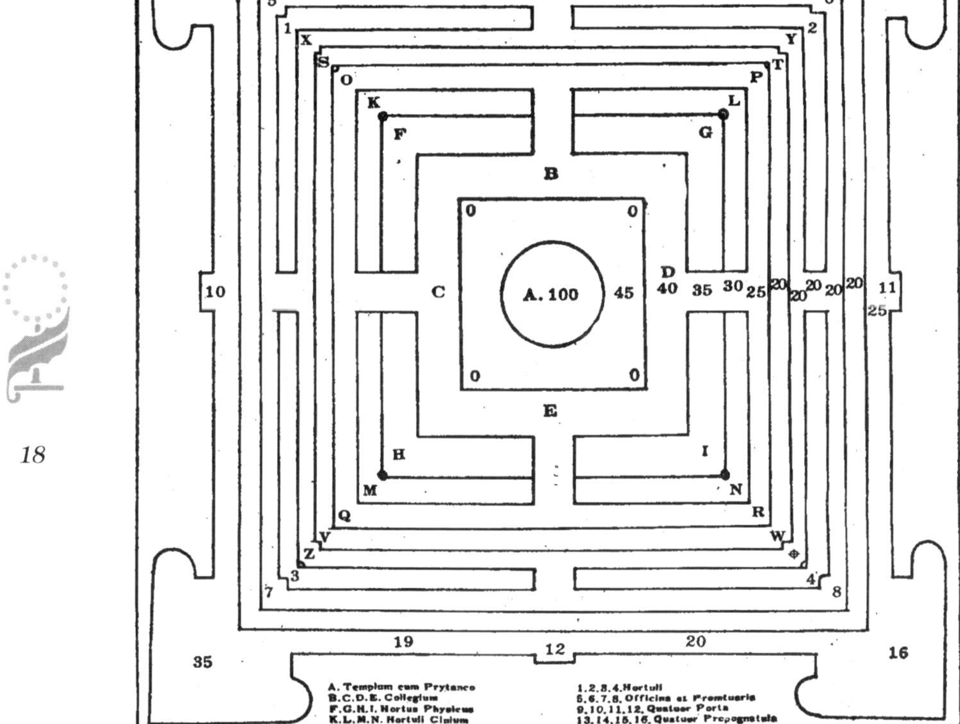

GROUND PLAN OF CHRISTIANOPOLIS

基督城平面图

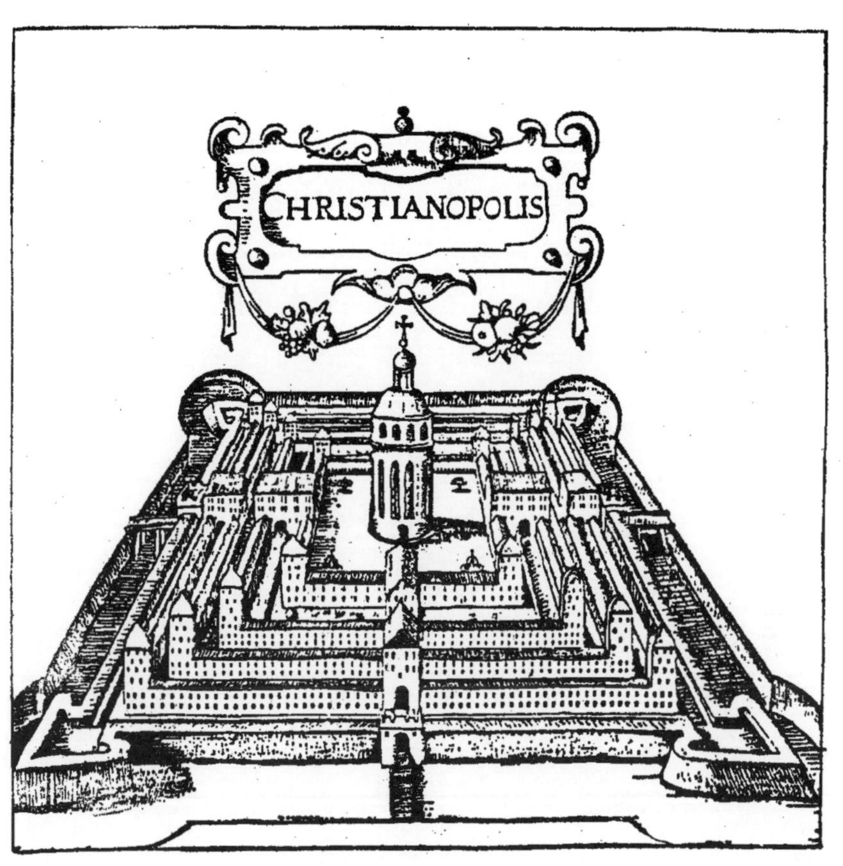

CHRISTIANOPOLIS

基督城结构图

座塔楼和一堵城墙，防守严密。只要登高远眺，就可以把大地四方，尽收眼底。全城另有八个非常坚固的塔楼，给防卫增添了力量；此外，还有十六个比较小一点的塔楼也是不可轻视的；在这座城市中部的那个堡垒可以说几乎是不可攻克的。城里的建筑物分布在两个地区，要是你把政府所在地和仓库也算在内的话，那就应该是四个；整个城市只有一条公共街道和一个商场，但却井井有条。假使你计量一下建筑物，从最里面的那条街道算起（街宽为二十英尺），你就会发现，建筑物的数目以五递增，甚至一直增加到一百个。就在这个地点，有一座直径为一百英尺的环形教堂。当你循这些建筑物向前走时，你就可以看到，它们之间的间隔，仓库和一排排的房屋，每一排都是二十英尺宽，墙高二十五英尺。建筑物一律为三层，有公共阳台通到这里。所有这一切，只要翻开插页附图①，就会一目了然。建筑物都是用赭色的石头建成的，中间隔着一道防火墙，即使遇上火灾，也不至于造成严重的破坏。这里的泉水和河水源源不断，一部分用人工提取，一部分来自天然。城里各处的东西都大同小异，既不算奢侈，也说不上不洁。整个城市都充满着新鲜的空气，并装有通风设备。这里住着大约四百个公民，他们生活在宗教信仰之中，日子过得平静而极有秩序。我们对于这里每一项独特之处，都将略加描述。城墙之外，有一道护城河，里面养着鱼，这条河即使在和平时期也是有用处的。那片开阔的和其他闲置着的土地上，栖息着许多野生动物，不是留给人们从事娱乐，而是为了实用。整个城市划分为三个部分：一部分是食品供应

① 此处和以下有关这个城市平面图的参考材料，请看第18、19页简图。——译者

基地，另一部分是健身锻炼之所，还有一部分是游览观光的胜地。岛上除城市之外，其余的土地均供农业和手工业作坊使用。这些情况我已经以各种不同的方式记在平面图上面了。接下来，我们要在这个城市走一走。

八 农业和畜牧业

合作社朝东最远的那个地段是农业区。它分为两个部分，一边专营耕作，另一边是管畜牧业的。国家从这个岛上所能得到的全部谷物、蔬菜和鲜果，以及他们所必不可少的驮畜、菜牛和羊群，都存放在十四座建筑物里。他们这样的建筑设施，可以使卫兵和看守人都得到安身之处。正如我上面所说的，这些建筑物高达三层，以至于它们能够容得下比一个人所想象的更多的东西。不管堆积在这里的是什么样的废料，都通过边角塔楼的门口运到墙边去，然后按时分发到农田和牧场去。正对着这十四座建筑物，有一座宽三十英尺、长四十五英尺的大塔楼，它把农场的建筑物和城市的建筑物连接起来；这座塔楼还圈起一块空地，所以在塔楼下面，一条相当宽敞的、进入城市的拱形通道就经常开放，并且有小一点的门通到各个单独的房屋。塔楼两边大门一旦关闭，行人就无法通过围墙来往于城市之间，这样就可以加强防卫。在这座塔楼的圆屋顶下面，建有一个周围都开了窗户的大厅。城市那边的公民由于经常需要参加圣餐，举行宗教仪式和处理民间事务，都可以来到这个厅里共同聚会。有一个叫做乌里尔的人就住在塔楼上面。他擅长农业和给土壤施肥，同时还饲养和照料牲畜。乌里尔还有

两个下属，一个叫凯芝尔，一个叫西米亚，他们都是塔楼的主管人。只要有可能，他们就帮助乌里尔做工作。这里没有乡村风味，可是，族长制的农业在这里再现了，其结果使得人们更加满意，更加亲密地为上帝劳动，更加倾向于自然的质朴。

九　磨坊和面包房

七座磨坊、七个面包房与朝南的两座公共仓库相毗连；而在朝北的那边设有七家肉店和同样数目的粮店。就像上面所说的那样，大一点的塔楼把两边分开；同样，有一些和小塔楼相类似的塔楼把大一点的塔楼团团围住。这里的磨坊不但碾谷物，并且把碾好后的粮食存放在上面几层楼上，此外，凡是用机械而不用炉火来处理的东西，也都由这里的磨坊来加工；同时，由于这里是一个可以发挥独创性的地方，对观众来说，这里有着各式各样新颖的创造，足以引起欢乐与惊奇。纸张在这里制造，树木在这里锯成横梁，武器和工具在这里磨光。岛上所需要的全部面包都由这里的面包房烘烤，面粉也全都存放在这里。烘房之间有贮油槽，烘房下面有贮酒用的地窖。负责贮存陈酒和包装运输的人，都是品尝的名家。尼里亚就是主管这方面工作的，他住在正中那座塔楼里，日常由小塔楼的主管人西米亚和盖弟埃尔两人协助他。他们的安排是这样，每一座塔楼的主管人都对四个人[①]中的两个人负责。你一定会感到惊奇，供应的东西从数量上说不算太多，可是它们却能

① 原文如此。——译者

够满足对所有的东西都没有过分要求的人。岛上全体居民可说是没有人挨饿过,承蒙上帝的恩典或者大自然的慷慨,他们在物质方面总是丰富的,因为这里根本没有饕餮和贪杯之徒。关于食物的分配,这个问题我将留在后面来谈。现在我只想再补充一点:在这里,所有的事情都做得很干净利落,而且对上帝的赐与也表示了应有的感激。那些平常不得不干重活的人并没有变得粗鄙和暴戾,而是仍然和蔼可亲;卫士们也不是暴饮暴食的人,相反地,可以称得上是有节制的,他们身上没有那股难闻的臭气,因为他们平时都洗得干干净净。总之,这个政府的管理措施对各个方面都是有利的,所以,老百姓都能够怀着一种相当美好的、无需掩饰的喜悦心情,去享受所有这些权利。

十　肉店和供应站

城市的北区划为屠宰场,还有十四座建筑物作为配套。这个地区并不因它的职业性质而意味着残忍。据我所知,别的地方却因每日杀牲,或者处理肉类、脂肪、兽皮等等,人们竟变得粗鲁起来。这个地区还有些厨房,专门用来烤、煮和清洗牲畜,不过都谈不上精美和可口。由于他们讲究清洁卫生,所以那里还设有洗衣间,供人们洗涤衣被。

食物供应楼分为若干专间,那里有牛油、猪油、羊油、脂油和兽脂,以及诸如此类的供应品;除此之外,还供应干鲜鱼类和各种各样的家禽。这些食物不但卖给本地居民,对于外地来客和行旅商贾也照样供应。虽则在这个岛上,有极大的机会发展商业,可是当地的居民从个人的情况来说，是不从事这项活动的。这项工作留给经过挑选的人专门来做。于是，真正的交换价值体现出来了，其目的看来不完全在于营利，而是更多地在于增加物资的品种；其结果使得每一个地方的特产都能交流到这里来，可以说，世界上的全部优点我们这一个地方似乎都有了。从这一点看来，对于我们这块小小的地方，对于人们的施主上帝的慷慨，我们的认识就愈来愈清楚了。最后，作为大家的天赋才能也就变成为每一个人的天赋了。在这里，我暂且不准备多说关于这方面的事，因为这个主题将要在别的章节里重复出现，而要优先谈及的其他方面的问题真是太多了。瑟罕那和他的两个同伴凯普芝尔和扎尔费特负责这部分的工作，并且还要负责调节下属的日常生活和安排他们的工作。

十一　金属和矿物

在西区还留有一段地带，专门从事锻造业。这里的一边配置有七个工场，从事金属的加热、冶炼、熔化和铸造；另一边也有七个工场，指定给那些制盐、制砖、制造玻璃、制造陶器的工人操作之用，凡是需要连续烧火的作业也都配置在这里。你的确可以在这个地段看到自然界本身的试验。蕴藏在地壳底下所有的东西，都受科学规律和科学手段的支配。这里没有人像驮畜干活那样被迫去做他们所不熟悉的工作，但他们在很久以前就受过训练，深谙科学工作的个中三昧，并且对于自然界的内部奥秘感到由衷的兴趣。要是一个人在这里没有窥测到宏观世界里最微小的元素，不曾听说过这方面的道理，那么，他们就会认为，所有的东西都是没有经过验证的。除非你用实验来分析问题，用更加有力的工具来弥补知识的不足，那么你就是一个无用的人。我可以向你保证说，假使在这里鼓唇弄舌施展诡辩，就会成为笑柄，因为这里的人已经如此崇尚行动而鄙薄言词。在这里，一个人可以欢迎和听从真正的、名副其实的化学，它是既活跃、又积极的；而在其他的地方，假化学却背着人僭据一席之地，进行欺骗。须知，真正的化学惯常用以检验工作，可以帮助做各种各样的试验，可以把大大小小的实验利用起来，或者用简单的一句话说，这里实行的是一种应用科学。塞斯贝沙同他的两位助手扎尔费特和盖弟埃尔负责这项工作，他们似乎不用花费多大的力气，倒像是给人体提供一种适当的锻炼。在我们之中，有人由于工作疲惫而憔悴不堪，但他们的精力却能够经过完美的劳逸平衡而得到增强，因此，他们从来没有不积极去处理自己的工作。此外，当我参观他们工作的时候，一种责备自己的心情不断萦回我的脑际：我强烈追求了那么长的时间，花了那么多的钱，求教了那么多的书本，对于这些事情我还是懵然无知，而这些完全正当的事情一个人是应该知道的；还有，由于我不可原谅的愚昧，我忽视了自然界本来的面目，而这毕竟是最有吸引力的。

十二　寓所

接着，在我考察了包括有商店和仓库的周围场地之后，我经过东边的塔楼进入了城区，它是呈四边形的，两边各有一排建筑物相对称。街道就在这两排房屋中间，有二十英尺宽。以宽度来说，已经是足够了，只要你停下来看看，那些马匹和货车都停在街上不动，你就会明白了。靠外面一侧的建筑物为十五英尺宽，靠里面一侧的为二十五英尺宽；它们都是三十三英尺高，面向街道的那一边，大部分建筑物为四十英尺长。人行道是拱形的，由五英尺宽、十二英尺高的柱子支撑着，这样，即使是雨天，对行人也不会有什么影响。墙与墙都是相称的，二楼与三楼的阳台构成一条通道。在简图中所描绘的这一切，看来是充满着聪明才智的。假使你停下来数一数高楼建筑，那么城市较大的一边有十三座，较小的一边有十一座，总共有八十八座①，这个数如果乘以三，得数就是二百六十四家。简图上显示了这种布局。谁也不必去大惊小怪，认为这样的住宅未免太狭窄了；因为，由于住家的人数不多，家具的需要量也很小。别地方的居民在自己的家里贮放着许多没有价值的东西和奢侈品，还有类似这样的家庭堆满了不义之财，这些人家永远都不可能住得很宽敞。他们不但给别人加重负担，也为自己增添了累赘，他们的必需品没有人给予关注，更不用说他们的起居安乐了，反而很容易被一大堆令人讨厌的、可是又搬不动的东西弄得头昏脑涨。啊，只有那些在真正需要的范围内什么都有而又别无所求的人才是富有的，道理很简单，要想达到充裕的地步，只有这样才是可能的！因为在这个世界上，我见到的财富很多，我见到随之而来的不满也多；只有在我们所说的“匮乏”这一种情况下，人们才会显得心满意足。

① 很可能是出自原版印刷的错误。——译者

十三　技工

我在这个城市里到处走了一下，很快就知道了多种匠人的分布情况。正如这个城市是四方形的，这里的居民也分别和金属、石料、木材以及纺织品原料这四种材料打交道。可是，他们却有一点不同，凡是需要更多的技能和天赋的职业都被指定在内城广场，而工艺比较容易的工作则分布在外城或者较大的广场里。而且，他们把钟表匠、风琴师、细木工、雕塑工和泥水匠都看做是同一个基准。这种特征甚至完全只属于他们所具有，也就是说，这些行业的手艺人几乎都是受过完全教育的人。别地方的人认为，这些只是少数人所专有的特征（而且，假使你把缺乏经验的大草包也都看做是有学识，那么，这种特征在很多人身上早就已经具备了）；而这里的居民却申辩说，这是所有的人都应该达到的目标。他们说，无论学问上的细节，或者工作上的难点，一个人只要具备了充分的条件，并不是不能掌握好这两方面的本领的。然而，有些人更加倾心于这种或那种职业，他们要是特别喜欢致力于一种技艺，把它作为自己的专长，那么，他们是会超过其同辈的，因此，他们就可以代代相传。我看到了我所想象的工匠，他们是黄铜匠、锡匠、铁匠；有的是制刀工人、车工、制造宝石箱的工人、雕刻塑像的工人、石膏工人、漂洗工人、纺织工人、毛皮加工工人、修鞋工人；属于高级手艺的有雕塑师、时钟制造师、黄金首饰制造师、风琴制造师、镌刻师、金箔锤制师、戒指制造师以及其他许许多多类似的技师，这些行业都同样受到重视。你在这里还会看到制革工、马具制造工、锻工、

手推车制造工、皮箱制造工、石匠和玻璃制造工。既然我们已经提到了从事各种行业的人，我们可以说，补缀、缝纫和刺绣这些行业都是由妇女来做的。所有这一切并不总是为着需要才去做的，而是为着在技工中促进互相竞赛，其目的在于使人拥有某种手段，并且利用这种手段，使人们和他们思想上最显著的优点能够通过各种不同的机器展现出来，或者毋宁说，仍然留在我们身上的一点神力之火能够把呈现在面前的任何东西照耀得光辉夺目。至于监督和鼓励，以及他们的工作和休息时间的安排，我们将留在后面再说。

十四　公共的祷告

在我继续说下去之前，有几点关于公众做礼拜的事情必须提一下。他们每天做三次祷告，即早祷、午祷和晚祷，这是对上帝所赐予的祝福表示感谢。他们双膝跪着，十指合拢，用一套庄重的仪式恳求上帝不断帮助和祈求死得有价值。除非有最紧急的理由，三次祷告都没有人会无故缺席。所有的孩子都由父母带到这里来，以便从他们孩提牙牙学语的时候起就学会赞美上帝。每次集会共进行一个半钟头，开始时是聆听读《圣经》，最后以唱赞美诗结束。假使那一天有特殊情况，需要纪念主的不寻常的恩典，那么他们祈祷的时间还要稍为延长一些。三次集会都是在高楼中比较大的厅堂里举行的，每一个人各有他固定的位置。对于基督徒来说，没有别的事情比遵奉这种礼仪更值得去做的了。尽管我们对主还欠下出自内心的、最好的、极频繁的祷告，然而，这种祷告与精神上的沟通在上帝的耳朵里已经产生了一种异乎寻常的悦耳声音，而且也产生了一种特殊的功效。那些疏于此道的人，也许是有点过于相信他们自己灵魂的得救，而另外一些人有时却希望和圣人在精神上互相交流，正如他们在这个世上对所有的东西从事规划时都想到了神圣的祖国一样，他们比起做任何事情来要显得更勤奋、更热切地潜心于敬神礼拜。从这一点来说，那些在人间先尝到了他们所希望的不朽的生命的最初成果的人，是幸福和非常聪明的；而那以最可悲的必死的命运来结束自己生命的人，则是最愚蠢可叹的。

十五　食物

他们所有的人都是自管每日三餐，但是，食物却是从公共仓库里取得的。要是在一起用膳的人数过多，那就不可避免要产生争执和混乱，所以他们宁愿各人在家里和自家人单独进餐。正如食物的分配是根据年景的情况一样，每周给各个家庭的数量也是按照人口的比例来发的。不过，酒的供应却是一次发给供半年喝的，或者情况许可的话，时间还会再长一些。他们去肉店里取鲜肉，按照规定的分量拿走，不多不少。鱼类，还有猎物，以及各种禽鸟，都是按照每人一份分配给他们的，其中应发的次数和各人的年纪均在考虑之列。他们平时有四盘菜，这些菜经过仔细洗净之后，由妇女来烹调，上菜时她们再说些机智和虔敬的话来增添乐趣。谁要是愿意的话，都可以请一位客人前来，于是家中有关的人都坐在一起用膳；要是来客是一位外国人，他们就可以请求从公共补给品中

拨给他们所需要的食物。我在上面所提到的那个灶间就是为这个目的服务的。因此,不管哪一种超过规定分量而又为礼仪上所需要的东西,都可以从那里得到。由于已成年的孩子都在别处受教育,所以大多数的家庭只有四个或者五个人,极少有六个人的。他们是,父亲、母亲和一个或两个孩子。个别家庭中偶然也有男用人或女用人,但这并不是什么了不起的事,除非家中有了病人、产妇或者婴儿需要照顾,人们才请用人。日常的家务事由夫妻共同来做,其余的则在公共的工场里加以处理。至于有关刚刚成年的男孩子和女孩子的事情,我们以后还会听到。现在,让我细思片刻,倘若我们能够从每日备办饮食的诸多困难,以及为着填饱肚子而劳神的困境中摆脱出来,我们的肩膀将会卸下多重的负担啊!

十六 职业

他们的工作,或者用他们更愿意听的一句话“手的使用”来说,是受一种规定方式指导的。所有制造出来的东西都送到有篷的公共货摊里去。工人们可以在这里从现有的储备中取到下一周工作所需要的东西。整个城市可以说是一个大工场,但是有各种各样的工艺。负责管理这些职务的人都在墙角那边较小的楼房里安顿下来;他们预先知道该制造些什么,需要多大的数量和哪种样式,而且将这些项目一一通知技工。要是货摊上的材料供应充足的话,那么,工人们可以放手使用,以发挥他们创造发明的才能。这里,没有一个人有金钱,即使私人有钱,也没有什么用处;然而,这个共和国却拥有财富。这里的居民对此特别高兴,因为没有一个人会在占有财富的数量上超过别人。须知，他们的好处就在于他们有能力和才干，要是提到最高度来看，就在于他们有道德和虔诚。他们每天工作时数并不多，可是他们完成的工作并不比其他地方的人少，因为这里所有的人都把超过规定多休息和无所事事看做是不光彩的事情。由于在别的地方，十个工人要在很困难的情况下养活一个懒汉，所以，人们就不难相信，这里在所有工人都从事劳动的情况下，他们每个人的闲情逸致就多了。而且，他们专心做好工作，看来好像是会损害他们的健康，其实他们这样做倒是有利于身体的。哪里没有奴隶的劳役，哪里就没有使人感到心情沉重或者神经衰弱的厌烦。哪里受到上帝的恩惠，所有的事情就会做得更有力量，更有热情，更加容易，更加准确，而哪里违背上帝的旨意和恩典，哪里的建筑物就会成为一堆没有用处的烂摊子，这还会有谁怀疑呢？

十七　休息期间

基督城的居民怎样度过他们的闲暇，或者更恰当地说，度过指定的短暂休息时间，我们了解一下这种情况不是没有好处的。当他们高高兴兴地做了大量的工作，去满足宗教虔敬、爱国主义和著书立说的要求，并且按着季节性的条件在机械工艺方面锻炼了他们身体之后，他们就要过着一段比较长时期，或者短时期的安静生活。据他们说，他们这种休假多半是为着精神，而较少为着肉体，更多的为着灵魂，而不单纯为着躯壳。我们极其需要尽可能经常地恢复我们自己本来的面目，并且掸掉身上世俗的尘土；我们可以用豪迈的决心重新把我们的思想充实起来，抵制邪恶，这是良好的开头所必需的；我们可以振作我们心灵上疲惫的器官，磨砺我们的智慧，为此我们就得接近能激励我们的人，或者干脆就和他们朝夕相处。这样一来，你就不可能像你所预料那样看到愚人寻欢作乐，也不可能听到游手好闲的喧嚣，这是由于有这种全国性的休息的结果；但是，你却可以看到心情轻松，专心致志于某一个问题，特别是想起一些属于未来生活必须关心的事情，以免比上帝更亲，或者比上帝更高的东西又回到我们身上。所以，在这自由自在的时刻，随时赞美天国；以后又有一个时期，他好像又把人间捧得很高，而把天国又估价得较低。他坚持认为，周密地考察人间，就会给天国带来适当的评价，而一旦大国的意义被发现之后，人间就不值得重视了。同时，他完全不赞成那种无助于使人接近基督的文学；假使文学倾向于使一个人脱离基督，那么，他就诅咒它。他把一切重要性都集中在教会身上，须知，世俗的海洋好几千年来曾经使它颠簸不已；他说，所有的国民，全部的历史，全部的论证，自然界所有的奇迹，天国的全部艺术都是归结于教会；这样，一个人就得以最终指望天赐有福的永生。只有基督徒才会有知识，那是关于上帝的知识。其余的一切都是无聊的，因为它们来自个人的身上。当我听到所有被轻视的东西却在别人那里受到高度称赞的时候，我对上述事实大大感到意外。可是，当我想起我们生在这个世上的理由，就是为着爱基督——这是我们由衷的需要，我们无可估量的收益——的时候，我也就心悦诚服了。但是，当我们注定要死去的时候，但愿糟糕的文学也尝点苦头，因为它有好些日子以毫无意义的东西来喂养我们！起来吧，汝，神圣的科学，汝将会向我们说明基督的真理，这样，我们就可以在这里学习那些我们并非不熟悉的东西，只不过这些东西将与日俱增，并且将延续到未来无穷的世代中去！

十八　报偿

现在，我想当你听到一个公认有道德、有杰出才能的人生活在这个城市里而不取任何报偿时，你一定很想知道这对他会有什么好处。噢，他是基督城的人，他非常容易解决这个问题，因为使上帝欢喜的人是光荣的，也是有很多收获的，而且还会受到圣灵的鼓励。上帝之子的真正事业对于这些公民是如此的重要，这种事业如此经常地受到称赞，以如此多种多样的方式在青年人的思想里留下了印象，使得所有性格开朗的人都燃起了仿效的愿望。这里还应该说一下，人们自觉地把事情做好后所感到的欢乐，战胜黑暗后所表现的高贵性格，控制自己情欲所体现的伟大，特别是圣者的友谊所带来的难以名状的欣悦，深深地占据了一个人纯洁优美的灵魂，这比起担心放弃世俗的快乐远为深刻得多。以基督徒来说，即使有什么东西使得别人感到有点价值，这点除了美德之外，并没有别的特色，最大的特点首推信仰上帝，其次为中庸适度，然后是柔和的性格，最后是人的力量；若就程度而言，一个人越是接近上帝的意志，那么，他就会被认为越是适合于去管理别人。由于世人完全违背了这种意志，对于有益的生活经验理解得太少，而且过于专心去听虚荣的召唤，他们就把自己的身心都交付给最蹩脚的引路人。这样一来，一个人不懂得他喜欢什么，或者不喜欢什么，一

些盲目的领导者尽管许诺了光明，却追随一个更加盲目的人走进黑暗的深渊，就不足为奇了。

十九 处罚

我们可以按照同样的方式来谈一下处罚，这个等于上帝真正的庇护所和上帝精选的国家是不需要这种处罚的。在这里，基督教的自由甚至对发号施令都无法忍受，而恐吓之类的东西就更不用说了，但它却是天生自愿地倾向耶稣基督。然而，也还得承认，人的情欲并不是到处都可以完全克服。因此，假使一再警告显得无效（又假使在必要情况下，需要认真地加以纠正），那么，较为严厉的惩罚就一定会用来制止它。为着达到这个目的，适当的纠正方法无时不备，而且不止一种，这些方法都是经过选择，务使其适合于处理各式各样的人。说真的，假使一个人能够使他的生计离开世俗的口味，或者以奋斗来代替欲望的诱惑，那么，很多缺陷都可以得到补救。对于任何一个人来说，防备自己不让罪恶轻易沾身，这是艺术中的艺术。另一方面，对那些人发泄怒气，投井下石，这是多么恶毒的行为！总而言之，基督城的审判官特别注意这样的习惯法：他们对那些直接反对上帝的不端行为给以最严厉的处分，其次是伤害人的罪行，最轻的是只涉及损害财产方面。可是世俗处理这类问题却大异其趣，他们处罚一个小偷，比处罚一个亵渎神明的人或者一个奸夫要粗暴得多。由于基督城的公民们对于流血一向是怀有戒心的，所以他们很不同意把判处死刑作为一种惩罚形式；而这个甚至不惜兄弟流血的世界却想到了极刑，肆无忌惮

地宣布施行，用一种自认为无懈可击的遁词说，这种刑罚只是通过法律这个忠实的仆人来执行，而不必让个人动用刀剑、绞索、车裂和火焰。基督可以替我作证，一个政府把放荡不羁者当作窃贼，把缺乏节制的人当作奸夫，把无业游民当作杀人犯，把妓女当作妖婆，这当然是冠冕堂皇的逻辑，其目的只不过是要拿某个人的鲜血，用来向上帝赎罪罢了！其实，去掉罪恶的最初因素和犯罪根源，要比拔掉已经成熟的株梗远为人道。须知，毁灭一个人谁都会，可是，只有最有本事的人才能改造一个人。

二十 崇高

在这个共和国里，继承头衔或者血统都没有什么价值，只有品德才是值得称道的。真正的情况是这样：那些人不但一方面因功受奖，身负重任，胸佩勋章，同时由于品德超人，还给孩子们带来了好处，那就是这个家庭的榜样经常给他们以熏陶，使他们受到道德传统的潜移默化。他们一旦具备了这种品德，就很可能被父母留下的可钦佩的记忆所感动，以至于在自由选择机会时也不会损害新的美德。上帝的帮助是所有美德中最动人的因素，那些由于上帝帮助而发迹的人都因崇敬上帝而受到别人的尊敬，并且被请去处理国家事务。但是，非凡的天才总是此伏彼起，这是有目共睹的事实，因此，它说明高超的才干并不是人类的成就，也不是属于少数人的范围，而是由于上天精选的结果。这里没有必要去叙述那些人所干出来的事是何等错误，他们由于门第显贵而享受特权，这使他们习以为常地任意犯罪和带头腐化，以致一直没有堕落的英

雄后代居然成为人们吃惊的对象。父母确实跨过了难以逾越的工作山头，攀登上崇高美德的城堡，而子女们却经常从过度欢乐的迷宫里滑到罪恶灭顶的深渊中去。要是这些人回顾往事，或者环视一下人间的俗事，他们可能决不会容许，本来会使他们受到上帝和人们称赞的事情，竟因他们对自己的寻欢作乐失去控制和阿谀奉承者的破坏，却把他们引到身心急剧堕落的道路上去。

二十一　官员

这个国家的中枢部分由八个人管理。他们每一个人都住在一座很大的高楼里。这八个人又各有一个下属，分别住在小一点的楼里。所有这些人都表现出父母般的精神，丝毫没有傲慢专横的样子。那些把自己托付给主管人员的人，心中也是尊敬多于恐惧。因为他们要是安排别人做什么工作的话，他们自己也同样会参加进去。他们领导别人不是靠言词，而是靠自己的模范行为。在这种情况之下，没有什么东西比仿效更加容易，没有什么东西比学习别人的榜样更加自然，那里没有人会去责备别人，除非他自己是无可厚非的；那里没有人会去教训别人，除非他自己学有所得；在那里，规则本身就是教训。谁首先把暴力和轻蔑带到这个世界来，谁就失去了神圣的光彩。上帝接近他自己的人，他们也接近上帝。上帝的声音被他们听到了，他们的声音也被上帝听到了。用同样的泥土造成的凡人远离了互相崇敬，把耻辱引到了我们身上，这一点甚至是很不得当的。在这个基督的共和国里，所有的事情都是委诸上帝，所以就不需要有任何机密和国务会议，而这只有魔鬼在

他的王国里才感到高兴。在这里，一切都是公开的，的确，它是给人以机会去敬畏上帝和爱自己的邻居，这是人类社会和神圣的法律至高无上的目的。这样一来，那些把宗教、正义和人类交往变成为名副其实的枷锁、镣铐和监狱的人，将会作出什么样的回答呢？那些皱起眉头、阴险毒辣、油腔滑调、铁石心肠和贪得无厌的人，不只一心想统治别人，还想统治畜生，并且使整个环境都充满着这些怪物，他们又将会作出什么样的回答呢？诚然，无论上帝的戒律，或者基督的福音，都不容许混淆视听，并且绝不赞赏人统治人的现象，而是经常以普通兄弟般感情交流的精神教育人们。而现在呢，教会由于已经放弃了这些原则，变得比以前更有钱，更加令人可怕，而不是更加令人崇敬，即使教会最近努力除掉傲慢和刻薄，并且说服自己的主管人员去利用一个更加明智的政府，结果也没有起到什么作用。于是，信徒感到伤心，他们仍然留在基督教徒的行列中，可是既不指挥别人，也不完全接受别人的指挥。

二十二　公共事务

这里也有公共的勤务，诸如守夜，警卫，收获谷子，酿造果酒，修筑道路，建造房屋，排泄路面的积水，这些工作都是全体公民所应负的责任；同时，也还有一些协助工厂做工的任务，根据不同性别和年龄轮流由所有的人来担负，不过都不是很经常，也不是长时间的。尽管负责处理这些勤务的人都是具有相当经验的人，然而，人们一旦受到召唤，没有一个人会拒绝替国家服务，并贡献出他的全部力量。要知道，我们在家里所做的事，就是他们在城市里所做的，他们以自己的城市为家，这是一点也不过分的。基于这样的理由，履行公众职务，只要它不是下流猥亵的，都将被认为是光荣的事情。于是，所有的工作，哪怕是令人非常厌烦的，都能在适当时间内完成，而且，没有多大困难，因为大量的工人都是心灵手巧，他们能够不费吹灰之力，就把最大宗的东西收集拢来和分配出去。由于我们都希望，我们所有的人都乐意享受社会的特权与便利，谁不想把忧虑羁心的事情和工作经常推到少数人身上，而让很多人长期好吃懒做呢？正相反，每一个公民都应该按照自己的地位和身份，而且不仅是用言词，还要用他的双手和肩膀，把他最大的力量献给共和国，这一点有谁会否认呢？世俗的声色狗马之徒由于极端错误地理解所谓雅致，他们对于泥、水、石、煤和诸如此类的东西不屑一顾，而对于马、狗、妓女和类似的玩物，他们都认为把这些东西据为己有，供他们取乐，无疑是一种非常美妙的事情。如今，基督城的居民对此加以嘲笑，是不无道理的，因为从他们绨袍[①]的色彩看，他们到处所表现的并不是狂热和浮夸，而是仁爱和劳动；他们对其他的人证明，那些人的虚荣和残忍是应该忏悔的。

二十三　住宅

没有人拥有私人住宅，房屋都是分配和指定给个人使用的；要是国家认为有必要的话，人们也可以很容易掉换住宅。几乎所有的房屋都是按照同一个模式建造的；这些房屋有人精心管理，特别

① 15 和 16 世纪时流行的一类服饰。——译者

是每一件东西都保持得干干净净。普通的住宅都有三间房，即盥洗间、卧室和厨房。后面两间一般用木板隔开。塔楼里面正当中有一间小小的空房，开了一扇很宽敞的窗户，在那里，可以用滑车把木材和比较重的东西吊上去。屋子有一个门，专门开在屋子的前面。这个门通向阳台，从那里，人可以通过塔楼或者顺着旋梯登上去。关于这一点，应该仔细察看平面图，因为这里没有时间赘述细节。每一幢房子的后面都有一座花园，由主人细心照管，因为花园有益于健康，使人感到芳香扑鼻。屋顶则归大家共同使用；墙与墙是隔开的，由一条明沟联结着，建筑的形状是阶梯式，其目的通常是为着避免火灾。所有的房屋都有双窗，一层是玻璃的，一层是木板的，按一定的格式嵌在墙上，可以随意开关。每座房屋还有一个小小的隐蔽的地下室，需要贮藏在里面的东西并不太多。所以，不论这个世界上有什么豪华的和笨重的东西，这些人都把它们收拢在一起，塞进一个你也许会叫作万宝囊的东西里面，一个人要穿的、要用的，在那里面样样俱全。这些房子由国家出钱维修，供应的食物要经过检查员仔细检查，任何东西都不会因为漫不经心的态度造成损坏或者变质。这里几乎从未因火灾而造成过破坏，也没有过火势失去控制，蔓延开来的事情。他们用炉火驱赶严寒，用窗帘抵挡炎热。有些人相信，他们在这个世界上已经为自己营造了永久的住宅，后来才发现，他们一直是在愚昧无知之中为他人效劳。可是为时已晚，其间，他们从来就没有在家里待过，甚至可以说是魂不守舍，这种人是多么不幸呀！但是，假使基督绕过他们的凶宅，而步入穷人的茅棚时，那他们就更加难堪了！

二十四 家具和陈设

现在，很容易设想这里有什么样的陈设。他们除了最需要的东西之外，别的什么都没有，甚至连必需品也是很不足的。供家庭和来客使用的床是舒适而清洁的，铺得整整齐齐。爱好清洁的妇女给家里备好干净床单和桌布，还有内衣和祈祷时用的念珠。每一家的桌子上都有几碟必不可缺的菜肴，还备有足够的炊事用具。试问，当你能从公共仓库得到在合理的范围内所想要的东西的时候，你有什么理由还想多拿东西呢？他们各人只有两套衣服，一套是工作用的，一套是节日穿的，而且对各阶层一视同仁。他们的性别和年龄可以从衣着的样式上区分出来。衣料是用亚麻或者毛织的，分别适用于夏天或冬天，颜色一律只有白的或者灰的；任何人都没有花哨的和考究的穿戴。饮酒用的高脚杯绝大部分都是玻璃的，也有些是锡的，只有少量是黄铜的。至于兵器和文具，我们留在以后再说。很明显，除了顺便擦拭一下以外，对所有这类家具无需烦劳他人；除了稍为保管之外，不需要特别费心；除了微不足道的费用之外，不需要大笔的开销；可是，它们的效用并不亚于堆栈、地窖、柜子以及贮藏世俗财宝类似监狱那样的暗室。要是你除了日常用的用具之外还需要别的东西，你可以到供应站那里去取。在那里，私用的和公用的器具都很充足，随时可以供应，因为整个国家可以说是一个手工业国。话又说回来，在这广大的群众中，有些消极无为的人，他们一面以拥有各种各样的器皿和工具为荣，同时除了利用别人的双手、眼睛和耳朵之外，自己却一点也不劳动，

而且他们在积累财富方面也是用同样的办法，废话连篇，瞎抓一气，这种人应该为自己感到羞耻；他们跻身如此勤劳的、人才辈出的栋梁之中，却希望踩着众人的肩膀，踏着跳板从地面蹦到至高无上的地位，这种人真该死！他们还想漫游世界，翱翔太空，这简直是愚不可及。

二十五　夜灯

他们不允许夜晚漆黑，他们点起灯笼把城市照得通亮，目的是想给城市的安全创造条件，不让白白闲逛的现象继续存在，而且还想减轻更夫的畏惧心理。他们就用这种办法尽力去抵制魔鬼王国的黑暗和他那种颇成问题的消遣；他们愿意使自己想起永恒的光明。那些反对基督的人指望从大片烛光中能捞到点什么东西，那就让他们亲自去寻找吧；但是，这种大放光明的方式会使在黑夜里工作的人减轻恐惧，会揭开我们的情欲所急于用来遮盖放荡和淫乱的那层帷幕，让我们不要放弃这种方式吧！我们有什么理由要在这方面考虑到花钱的问题呢？因为这些公民在别的事情上面都是特别讲究节约，而在其他地方，绝大部分的事情都是非常奢侈的。啊，假使我们只要多花一点钱在灯光方面，那些卑鄙下贱的勾当就没有空子可钻，诈骗犯也不会有这么多了！我们真希望我们心灵之光会经常照耀着，真希望不要时时设法去欺骗洞察一切的上帝！由于黑暗给这个世界充当了护身符，让各种卑劣的行径都在世上畅行无阻，同时又将那些见不得人的事情遮蔽起来，使人视而不见，那么，当基督这个太阳再度升起，全部浓雾都被驱散，世上

被黑暗重重掩盖的腐败现象都将暴露无遗的时候，当变化无常的心肠、虚伪透顶的嘴皮、双手干出的骗人把戏以及黑暗里其他无数肮脏的东西都将声名狼藉，成为对天上诸圣的嘲弄的时候，情况将会是怎么样呢？

二十六 社团

现在我们来到了这个城市最里面的圣地，你可以理所当然地把它叫做这个国家的活动中心。这个圣地是正方形，外圈为二百七十英尺，内圈为一百九十英尺，周围有四座角楼，四边中间另有座塔楼，这些塔楼互成对称，它们的周围各有两排花园。楼房建筑总共有四层，每层的高度分别为十二英尺、十一英尺、十英尺和九英尺。而塔楼则多伸出八英尺，高于这些楼房。在内圈接近市场的地方，有一个开阔的门廊，上面有七十二根圆柱，非常引人入胜。在这里，宗教、正义和学识都有立足之地，这三者统治了这个城市；滔滔不绝的口才使他们成了事物的解释者。我从来没有看见过，人类这么多的成就集中在一个地方，当你一旦听见有人给你描绘那里的情景时，你也会承认和我具有同感。然而，我常常想，把人们最优秀的力量联合起来，会给他们带来世上最大的幸福，但他们却把这些力量分开、拆散，这是什么意思呢？有那么一些人看来是信教的，但他们把所有人道的东西都扔掉了；有些人尽管毫无任何宗教信仰，却喜欢统治一切；学问成为吵吵闹闹的事情，一会儿吹捧这个，一会儿谄媚那个，然而赞美得最厉害的还是自己。于是，舌头除了激怒上帝，愚弄人们，毁坏自身之外，最终还能做些什么

呢？所以，看来需要合作，也只有基督教才能使大家合作。因为基督教使上帝能够安抚众人，并且把人们都团结在一起，结果大家的思想是虔诚的，事业是高尚的，对真理是明确的，终于死得幸福，得到永生。那么，让我们马上就合作起来，免得我们永久被分裂。

二十七　三人执政

现在让我们想一想，为什么他们宁愿要寡头政治，而不要君主制度。尽管君主制度有许多有利条件，可是，他们宁愿把这种荣誉留给耶稣基督，他们不相信人类能自我克制，这并不是没有原因的。基督不容忍一个代理人过于独断，也不允许个人抬得太高，把两只眼睛朝着天空，基督的眼睛则俯视着大地。个人本身的经验是完全带有个人色彩的，一个人越是听任暴政和薄弱意志的摆布，则他的经验也就越糟糕。在这种情况下，三人执政至少是一种最稳当的政体形式。它只接纳国家里最优秀的和对公共事务最有经验的人，因为一个人必须通过德行的所有阶梯逐步发展起来。每一位首领都做他应做的工作，然而，这并不是说不借助于别人的聪明才智。他们集体磋商国家安全问题。每一位首领都有一套议事班子，但是，到了固定日期，他们就在一起开会，以便在决定最重要的问题时取得一致的意见。所有这些人都必须是忠诚老实、谦虚谨慎和聪明机智的，这样才能算合格；然而，有些人是被选派进入这些行列，或者更确切地说，是由于他们超群出众而崭露头角。总理宣布立法议员所制定的全部法令，并不断宣讲，以达到妇孺皆知的目的。这个总理必须是老练机智和深受信任的。这里没有调停

过什么诉讼事件，因为公民之间没有了不起的纠纷，无需护民官来仲裁解决。但是，关于基督教的真谛，伦理道德的修养，改进思考的方法，以及缔结条约，决定战争，进行谈判，建设和供应等问题，都需要在很大的、但又不太过分的自由范围内，在适当评价上帝赐与的天赋的情况下予以深思熟虑。结果，他们在处理严肃的问题时态度冷静，而别的国家的人民对琐碎事情却显得心烦意乱，焦躁不安，这是他们追求虚荣的有力证明，他们把成堆的困难硬加在自己身上，要是没有这些困难的话，他们也会制造一些，他们以为，忍受困难就可以得到痛苦的磨炼。

二十八　宗教信仰

放眼看一看所有这些事情，我竟然觉得，这个地方是一座多少有点狂热的城市，因为，在这个世界上，凡是寻求上天的观念都被视为异端邪说。可是，教堂里两块牌子上面用金字刻着他们的声明和誓言，这些内容很快就纠正了我的错误。正如我在下面所记录的，这块牌子上面的字有如下的意义：

（一）我们全心全意地信仰三位一体的上帝，他是非常善良、智慧、伟大和永恒的。圣父耶和华从虚无中创造出这个世界，始终如一地保护、推动和指导这个世界；他的牧师就是乐于助人的天使，而遭到众人谴责的魔鬼却背叛了他；他喜爱人类，他曾经一度是世界上非凡的形象和骄子；他痛恨罪恶；他的全部智慧的解释和所有诚实的总结就是那部《圣经》；他把他的圣子耶稣献给世人，从他身上体现了上帝最宽宏、最仁慈的爱。

（二）我们全心全意地信仰耶稣基督，他是上帝和圣母玛利亚的圣子，他和圣父有同等的权力，然而却处处都和我们一样；我们的救世主把两种性质的品格协调起来，并且在两者之间起沟通作用，我们的先知，我们的国王，我们的神父[①]，他的律法就是恩典；他的权位是和平的权位，他的牺牲是苦难的牺牲。

（三）我们信仰圣灵同样会再生；信仰容忍罪过，甚至信仰我们的血肉同圣灵的以及在圣灵之中的亲如手足的关系；我们还信仰恢复人的尊严，而这种尊严在亚当失足以后就失掉了[②]。

（四）我们相信他的生活，受苦和殉难已经为上帝的正义带来了令人满意的结果；我们相信仁慈受到了重视，并且通过福音也把它赐给了我们，使它受到了我们信仰，把它托付给了纯洁的生命；于是我们还相信罪恶的统治终于被钉上了十字架，被摧毁和埋葬了。

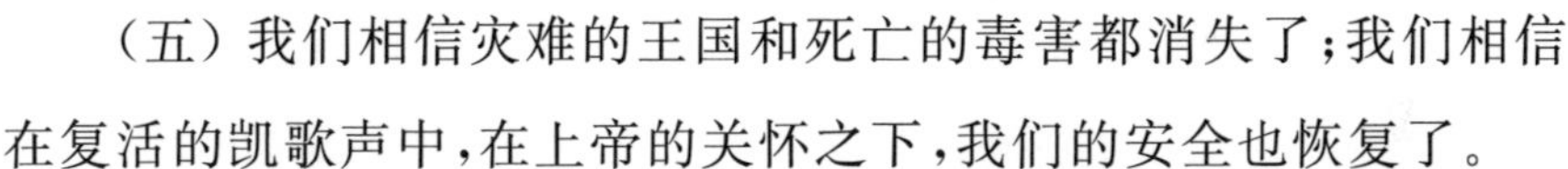

（五）我们相信灾难的王国和死亡的毒害都消失了；我们相信在复活的凯歌声中，在上帝的关怀之下，我们的安全也恢复了。

（六）我们相信基督的王国是无边的、永恒的，在这个王国里，他出现在他的教堂里，站在全能的、无所不在的上帝的右侧；我们相信他是用他的《圣经》从精神上来哺育、保护和活跃这个王国，他甚至完全是用血肉之躯来做到这一点。

（七）我们相信他的至高无上的裁判，这个裁判是用最高权威向所有的善人和恶人宣布的，他还要非常严格地把正义的和非正

① 均指耶稣基督。——译者

② 据圣经说，人类始祖亚当犯了罪，而由所有的人去继承。——译者

义的区别开来。

（八）我们用我们整个的心信仰圣灵[①]，她是我们的安慰者和导师，在我们离开放荡不羁去行善的时候，她给我们清洗了罪孽，使我们得到生气，训练了智力；是她使我们聪明，脱离了原始状态，她武装我们去战胜大自然，并且使我们和大自然协调一致；是她使我们感到温暖，并且让我们联合起来和划分为语言不同的人；是她使我们看到和听到，过去、现在和未来是密切地相互联系着的；是她使我们细读《圣经》。

（九）我们信仰一个神圣的、人类全体的教堂，她从初建时期起就被洗礼之水净化了，她用过圣餐上的面包，从而就以新契约的印记来保卫自己，牧师宣讲《圣经》教导了她，基督教义训练了她；她随时都准备为祷告服务，为慈善事业积极活动，在神交方面表现出豁达大度，在革出教门时显得坚决有力，我们这种教堂尽管分布在全世界各地，但还是由一致的信仰联合在一起，各种各样的才能还是得到了加强，我们的侍从和首领基督使我们变为不可战胜，而我们这个教堂由于有了各种不同阶层的人经常出席和纯洁结合而增添了光彩。

（十）我们信仰通过牧师宣讲《圣经》而自动地原谅所有的罪过，而且为此我们信仰我们有感恩和服从的义务。

（十一）我们信仰人类的肉体在大审判日的复活，全体教徒都非常喜欢这一天，所以，为着这个缘故，他们特别喜爱因年老或患

① 圣父、圣子共有的神的性质为圣灵。这里圣灵是指教会，她作为上帝在人间的代表，把圣父、圣子和人联系起来。——译者

病而死去；而对于作恶的人来说，那一天的到来是太可怕了，以致他们认为寿命是特别可诅咒的。

（十二）我们信仰不朽的生命。有了这种生命，我们将会得到完美的荣光、能力、安谧，知识、富裕和欢乐；有了这种生命，魔鬼的恶意、世上的罪过、人们的腐败都将被制止；有了这种生命，善有善报，恶有恶报，而且神圣的三位一体所显示的光荣将永远属于我们。

二十九　国家的行政机关

到此为止，我们有机会听了关于宗教的事务。另一块牌子上刻着日常生活的规则，内容如下：

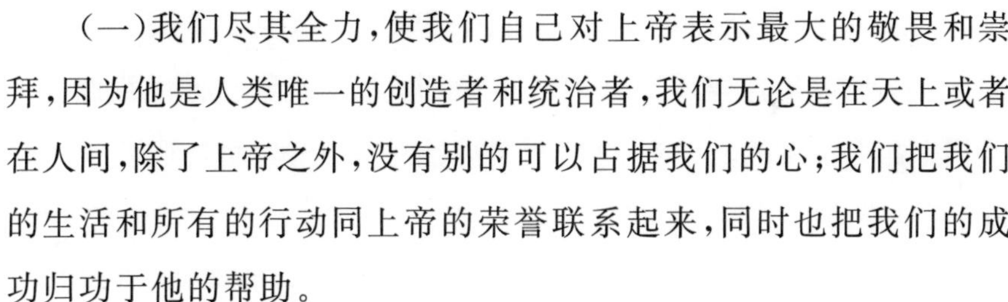

（一）我们尽其全力，使我们自己对上帝表示最大的敬畏和崇拜，因为他是人类唯一的创造者和统治者，我们无论是在天上或者在人间，除了上帝之外，没有别的可以占据我们的心；我们把我们的生活和所有的行动同上帝的荣誉联系起来，同时也把我们的成功归功于他的帮助。

（二）我们尽其全力，永远也不以任何亵渎神明的方式去激怒上帝的圣名，永远也不以怨言去疏远它，以轻浮去玷污它，因懒惰而忘记它；我们尽全力对最不容易理解的灵魂拯救给予虔诚的关注。

（三）我们尽全力使我们老是有时间去接近上帝，使我们不再因情欲冲动而陷于混乱；我们尽全力为三位一体的象征提供一个安静的、神圣的场所，为我们邻居提供一个清净的住处，为所有的生物提供生息的地方，我们要把所有的时间只贡献给这个神授的《圣经》。

（四）我们尽全力去保持和实行对父母的热爱，对长辈的尊敬，对同辈的礼貌，对所有被信赖的人保持的谦虚，为共和国辛勤地劳动，为后代树立一个好榜样，并且以彼此仁爱的行为来履行基督的爱的职责。

（五）我们尽全力去抑制自己的脾气，约束自己的急躁情绪，重视人的血气，忘掉报复，憎恨嫉妒，我们要尽全力细心地去仿效基督非常慷慨的心地行事。

（六）我们尽全力去保护青年人的天真无邪，保护少女的贞操，婚姻的纯洁，寡妇清白的自制，我们还要尽全力用自我克制和素食的办法去战胜奢侈和酗酒。

（七）我们尽全力尽量刻苦地、平和地、正当地去享用上帝交给我们的财物，并且表示我们衷心的感谢；我们尽全力履行我们的职责，以便使获得的和分配的东西尽可能公平合理，而且还要节制使用，妥善保护。

（八）我们尽全力去传播真理之光，宣传良心的纯洁，宣传提供证据时坦率与正确的诚实态度；我们尽全力随时随地去崇敬上帝的存在，去保护清白无辜的人，去审判犯罪的人。

（九）我们尽全力不扰乱别人，也不去混淆圣职和人间俗事的界限；我们尽力服从自己的命运，平静地安居在我们的住所里，并且藐视整个世界的旅舍。

（十）我们努力建立我们与神的交往，这使得每一个人都能得到财产、保存其财产，并且宁愿把自己管理得井井有条，宁愿献身于对上帝的赞美和公众的安全,而不去插手别人的事情。

我读完这两块牌子上的声明和规则之后,大大地加强了我的信念:这个地方住着信仰基督的人,他们和传道者的宗教信仰是一致的,他们国家的行政管理和上帝的戒律也是一致的。尽管假基督徒夸口说他们具有上述两种特征,但是,所有和他们共事过、哪怕共事时间很短的人,也很容易发现他们说的话是神圣的,而他们暗中的行为却是冷酷无情的;尽管他们的声明是高尚的,而他们的言行不一是可悲的;这只能证明他们的和睦方式在绝大部分情况下是导向不和的通衢;同时,他们责难自己的肉体,却仍然不肯接受上帝的帮助,也不去矫正自己的灵魂。

三十　牧师或者长老

现在,我被带离这个地方,来到了主事牧师面前,他无论如何不是罗马大主教,他是基督教徒。他的名字叫作亚比阿尔顿,是一个上了年纪、受人尊敬的人,而且从他的容貌上看,还是一个真正令人崇拜的人。没有一个人在实地应用《圣经》方面比他更熟练,在同一方面也没有一个人比他更有见识。承蒙他热情地和我谈话,我认识了这位上帝的使者和中保[①];他完全不着眼于尘世的事情。当我按照我们的习惯,试图从头衔去认识这个人的时候,他忍受不了这种态度,因为他认为这是人间非常荒谬的事情。他说,假使我相信他是上帝的仆人,相信他是我精神上的牧师,那么,他自

① 神与人之间的中保,即基督。——译者

认为他已经足够博得别人崇高的赏识了。他们说，他经常从上帝那里得到灵感，然后宣布些非凡的事情，但是在精神上却保持极度的谦虚。那是在礼拜天，每周只有一次，他以超群的口才滔滔不绝地向人民布道，并且教导他们；他们承认，每次听他讲话，没有不在内心激起长时期的冲动。凡是他没有亲自动手做过的事情，他就不会叫别人去做，否则，他会感到羞愧。因此，即使他站在人们面前一句话也不说，人们也同样会受到教诲。他的全部时间都花在从事宗教上的深思，特别努力于促进基督教的传播，他所追求的是天国的食粮，而不是其他的便餐。当他为我祝福的时候，我感到内心有一股不可名状的暖流，它流遍了我整个的躯体。可以毫不夸张地说，这种真正的神学比起老于世故的人的许多主张要有效验得多。我一想起有些人骄傲、贪婪、嫉妒和贪杯，以及在我们神圣不可侵犯的秩序中其他方面的罪恶，我就觉得赧颜。即使他们实际上学会了去说服什么人，你也会猜想到，他们正在说服别人去相信的事情，他们自己却一点也不相信。在他们善意的帮助下，我对亚比阿尔顿感到非常满意。他是一个精神激昂的人，但在情欲方面却一点也不过分；他是天国的热爱者，却忘掉了世俗的一切；他经常身体力行，而不形诸言词；他迷恋上帝，节制淫逸；他护卫全体教徒，唯独忽视了自己；他首先注重功绩，而最轻视吹嘘。

三十一　道德心

我毫不犹豫地也要来夸奖一下传教士的妻子，因为传教士是有配偶的人，她的名字叫作桑尼蒂斯。她是一位非常贤惠的妇女，事无巨细地遵守各项敬神和节制的教规。凡是她丈夫平时所应该接受意见的事情，她都没有等闲视之。她生来机警，不易受骗；她为人正直，也从不去欺骗别人。她思想冷静，经常保持无忧无虑的神态，而且正如她所亲切体会到的，她的婚姻是幸福的。她有幸给丈夫生了漂亮的诸多儿女，其中有两个是女的，叫作阿里西亚和帕里西亚。她律己甚严，对于自己的婚姻引为无上光荣，从不想入非非。她为着不致由于自己的疏忽而把事情弄糟，总是细心照料身边的事务，而且力求把一切都弄得干干净净。只有当她觉得在理的时候，她才开口，否则她宁可保持缄默。当那里需要技艺和勤奋的时候，谁也没有可能比得上她。正是因为这样，神殿里的帘帷和套罩都是由她亲手缝制的。我只要一想起她，我对市侩气的妇女就感到厌恶，因为她们不是由于迷信而引起重重顾虑，就是陷入某种痴呆的状态，或者像泼妇骂街一样粗鲁不堪，或者对不管多么邪恶的事情都熟视无睹，或者绷起脸，或者任性地酗酒狂欢；她们还继续不合时宜地唠唠叨叨教训丈夫；她们并不真诚地爱他们，也不从经济上关心他们。真的，这个世界上的道德心是如此轻浮，以致他们跟着人类的虚荣心亦步亦趋，直到罪恶之蜜变成苦涩，他们还不抱着一颗及时回头的心转向上帝；正相反，他们像狗一样狺狺吠叫，打扰别人，并把人们逼到绝望和轻率行动的地步。幸运的是，我们有那位神圣的、有威望的主妇，她以其榜样教育人们：一个人完全有可能既密切地关心自己的事务，同时又可能和颜悦色地献身于神。

三十二 牧师助理或者副执事

基督城的教堂还有一个副执事,叫作阿茨班。他和亚比阿尔顿密切合作,其任务是教育青年,分配圣餐,主持婚礼,还要经常去慰问病人。这并不是说,牧师本身没有这个职责,而是说,比起副执事来,他的责任要轻一点。身居高位者没有轻视他的同僚,他的同僚也以最大的敬意去对待自己的上级。前者并不以繁重的工作强加在后者肩上,以免把他压垮,可是下级却处处支持上级。一方面没有颐指气使,另一方面心悦诚服。尽管教父和教子的年龄相差无几,他们之间也应该彼此互爱。他们在这方面的关系正好是这样。强制性的命令在这里不会产生多大作用,所有的人都是从爱的心地出发爽爽快快地去为别人服务。这位副执事不喜欢任何变动,也从来不曾忘记去夸耀自己。可是,他乐于从超越世俗的神甫那里倾听上帝意旨和最有利于教会的意见。他每逢礼拜三或礼拜四就向公众布道一次。我不明白,为什么他们公众的聚会比别地方的人少,我猜想,也许只有一个理由,就是他们宁愿把布道准备得更充分一点,因为在一个规定的时间内,同时做很多事情,是无法把事情做好的。他们利用每天的祷告和读经,极大地补偿了这方面的差别。他们从神学院那里接纳那些能够当众宣读上帝杰出的仆人所写的虔诚的沉思录的人,他们认为这是一种惯例,它远远地胜过去接纳其他不够成熟的人。而当我听到的宣读立足于比较坚实的基础,而不是仅仅依靠不大好的记忆的时候,我对它也没有产生什么不愉快的感觉。不错,单独一个人是没有能力倾听圣

灵的声音的，也没有能力控制他的情绪，驯服野性，担负起他的劳作，照顾他的家庭和挣够每日的面包；然而，这个世界还是要求二十岁这样年纪的牧师做到这一点。由于担心他们无事可做，于是就强迫他们去与饥饿作斗争。有两种情况确实使我感到惊奇：一种是，男人仅仅劝说男孩子关心他们的灵魂；另一种是，他们被劝说把他们的灵魂托付给男孩子。毫无疑问，要是很多人都像提摩太[①]一样，我就会五体投地。可是，这样的人，我见得太少了，而那些恶劣透顶的人，我又格外见得多，我真为教会的命运伤心，她正被世俗的懒散和蛮横无理的行径大伤脑筋。

三十三　审计官

然后，我见到三人执政中的第二位，名字叫作阿比费。他生来就形成一种性格：己所不欲，勿施于人；己之所欲，定为众人争而得之。高贵的门第和财富在这里如同敝屣，两者都不会使他感到光彩；他所向往的倒是拥有一颗沉静的、热爱和平的心。他对事情不作出反应，似乎可以这样说，他是幽居的，平时坐在一张三脚凳上；这里的公民对于他的神色并不感到畏惧，他像冉冉上升的太阳普照众生，涤尽了一切。说得干脆一点，他是这个城市的家长，而他自己也乐于被人叫做基督的仆人。他的责任是留心度量衡和数目字，还要掌握各种东西的特定比例。他们不管采用什么样的方法

① 传说提摩太是保罗的年轻门徒和传教助手。他的善行《圣经》上没有具体记载，只概括地说，他被“当地的信徒所称赞”。他在信仰上的优点却多处提到。请参看《提摩太前书》《提摩太后书》《使徒行传》《希伯来书》等。——译者

去抑制他们的情绪和彻底克服亚当的缺陷，他把这些事情都看作是属于他的本分，而且用永生的观点去调节一切。因为，他认为替共和国设计的最好方案莫过于使它尽可能符合于天国的旨意；由于他本人非常虔诚，他深信一个城市只有慈祥的上帝才是它的救世主，而愤怒的上帝就会是这个城市的破坏者。因此，他努力做到不至于因公民的罪恶而触犯神，宁愿用信仰的光辉使神获得尊敬。于是，这个城市除非它首先屈服于自身的罪恶，哪怕是很小的邪恶也不允许在这里有立足之地，这里的公民不怕魔鬼的势力，甚至很快就能把它消灭掉。的确，一个人对于这个世界的安全感不可能不大表怀疑，因为它居然容忍公然犯罪的交易，而不怕传染；它让上帝看到的是可憎的事物，而不知道会受到上帝的唾弃；它要弄的尽是政治诡计，却仍然以基督教的社会自诩；它认为它已经为世人提供了充足的东西，因为它相信，当一个人在他能够非常浮华地管理这个世界，极度放纵所有各种贪欲的时候，他是什么也不匮乏的。正如基督城由于严守正义而显得尊严和极其繁荣一样，世俗的城市却在软弱无力和邪恶的支配下一天天地消亡下去。

三十四　通情达理

现在，我请求你听一听关于他妻子的一些事情。我从来没有见过一位妇人那样不易轻信，也从来没有听过一位妇人谈话那样深刻，或者那样深思熟虑。可是，一旦她相信一件事情，并且从她口中反复说出，那么，你就可以相信这件事的真实性了。因此，她做任何事情都不会是平白无故的，而她的丈夫无不加以首肯。她的视力像一只山鹰，她能够张目对日，而且能够看得很远。她不能默认无聊的谣言，也不相信人们的无稽之谈。她不能容忍隐善，也反对扬恶；她不支持限制自由，也不同意放松约束；对于任何轻率的行为，她都持反对的态度。她丈夫不耻下问，常和她商量棘手的问题；他爽快地听取她的意见，但是保留他自己的最后决断。假使她对他所经管的事务表现出爱打听的话，他就会制止她，指着上天来告诫她，并且要求她严格恪守她自己应负责任的范围。于是，她在丈夫指导下，生活过得既恬静又愉快，这对于那些要么不理睬女人，要么将什么都告诉给女人的人来说，无疑是一个非常合适的榜样。谁要是有一位逻辑学家做妻子，他甚至会连上帝都不信仰了，除非这位妻子批准他，而且，他发誓要把她的一切愚蠢的言行都当做不折不扣的真理。要是他有一个雅典人[①]，他就丝毫不允许别人插话打岔。只是由于“为什么”这个词不为人所了解，也不被人所容忍，致使在一个共和国里绝对荒谬的事情也都做出来了。这个世界信仰怀疑宗教，习惯盲目，非常害怕弱者，养育懒汉，而且认为只有上天知道什么是荒唐背理的事情。于是，当有人讥笑它的时候，它就不应该发怒；相反地，它应该感激那些多嘴的人，他们纠缠不休，不断地诘问它，为什么它会做出和容允这样或那样的事情，而且遭受各式各样的不幸。这个世界对于被大力驱策从黑暗走向光明，从奴役走向自由，将永远不会感到遗憾。

① 指像雅典人那样文化修养高的人。——译者

三十五 度量

阿契托是作为助手而和第二位执政阿比费一起工作的。他是这个国家的经济学家,经管国家的收入和仓库的供应品,他给每一个人的东西都是不多不少地按照每人应得的数量分发的。这项工作并不像有人所想象的那样困难,因为没有人会渴望任何特权,或者自以为有此权利去要求超过当年季节性所许可和这个城市的惯例所规定的更多的食物。一切都保持均等的比例,他们按照号码和本年所出产的总量,很快就把东西分下去了;至于食物是否干净,烹调是否恰当,这是妇女应负的特殊责任,应由她们来关心和留意,她们还要替病人想方设法准备些最适合于他们胃口的食品。阿契托在计算方面有巨大的才能,所以他分配一年一度的农产品时,能够做到从来不会让他们挨饿,也不会让他们因饱食而损害身心。这种处理深孚众望,特别是与另一些人的所作所为加以比较,就觉得更为明显,他们之中有的人为饥饿所苦,有的人估量天赐的好处时不是从一种满足的心情出发,而是贪得无厌,到了令人作呕的程度。他们的生命是一钱不值的,他们想在餐桌上或者从欲望中寻找人生首要的东西,而对天国的滋养却不闻不问。可是,当上帝的这些面目可憎的仆人吃够了人间食物而升上天国的时候,这些人就会因为肚子里填得太满太重,而事与愿违地沉沦到地狱里去。生命的机能本来并不需要太多的必需品;对于一个贪得无厌的人来说,就是大地、海洋和空气都不能使他满足,直到末了,他只好无止境地,或者无限度地受到痛苦的折磨。

三十六　学习的指导者

三人执政中的第三位阿比达精通人的学问。出乎意料之外，我觉得他一点都不傲慢，也并不懒散。一言以蔽之，他是一位温和的、没有什么怪脾气的人。大家都认为他的知识非常全面；然而，他的谦虚品质却使他自认为对于万事无所知。比起他的同伴来，他什么都不缺，就差没有头衔修饰门面罢了。他经常说，在圣灵的指引下，努力学做一个门徒的人算是已经完成了一些重要的事情。当我问到知识的主要内容时，他提起了基督和他被钉死在十字架上的事情，并且指出，万物都朝向基督。有一个时期，他好像看不起人间，而是毫无意义的事情，可是，却为心灵的恬静而欢欣不已；要是在妇女之间出现什么不同意见，那么，谁也比不上她更适于为她们排难解纷了。她的谈话简洁，三句离不开基督，这一点是不言自明的，而且她不用激动就能说服她的对手。尽管好几次有几位哲学家因她朱颜的魅力，而向她求爱，她仍然保持淑静而不乱。啊，婚姻呀婚姻，多少人为之祝福，多少人尽情地为之欢欣，婚姻把那些摆脱偏见、谄媚和谎言的人联结在一起！然而，他们即使受偏见、奉承和谬误的愚弄，还是乐于接受，他们喜欢去听非常可笑的假话，甚过去听那些与自己的良知相一致的事实。呀，天哪，哪有这样自愿的盲人！哪有这样自找的悲伤！他们在尸体面前梦想着永生；在黑暗里梦想着明亮的光辉；在罪恶的深渊里梦想着完满调节的生活；双足锁上镣铐的时候梦想着翅膀；等等。在那些自以为聪明的人中间，愚蠢的人绝不会显得更加愚蠢，也不会显得更加令

人难以忍受，这是多么正确的道理啊。这位最值得夸奖的妇女已经对我做到了仁至义尽，她对我的许多错误都提出过警告，而这些错误恰恰是我以前所未意识到的。

三十七 忠实

由于阿比达的妻子对我厚道，这才引起我在这里顺便解释一下，这位优秀主妇是什么样的一种女人。关于她的一切都是真实的，既简单，又坦率。不管她看到什么东西，只要是违反神性或者人性的，她一律都加以非难，可是，她是以仁爱和理智来决定她的态度。她认为没有什么东西比虚伪和狡黠更令人厌烦了。她一向都是由始至终观察所有的事物，把由此而发现的问题全都让她丈夫知道。她从闲聊中随时都会发现，这些公民非常冷静沉着，他们很多人献身于为上帝做点特别的事情，或者替忍受苦难的邻居服务，或者有目的地进行以基督为主题的谈话，彼此互相启发。但是，真令人遗憾，那些在这个世界上挣扎和受到魔鬼折磨的人，那些精神倦怠和肌肉疲乏的人，那些陷入泥淖和在污秽中偷闲的人，他们又是一种什么样的状况呢？他们和孤孤单单的时候所处的境况绝没有什么两样。因此，他们怎么会听到主在我们身边讲话呢？他们怎么会想到去做男子汉要做的勇敢的事业呢？当他们处于别人和自己的感情混乱之中而变得闭目塞听和僵硬死板的时候，他们怎么会产生新的天才幼苗或者新的创造力呢？

三十八　说话能力

我上面提到的那位总理就在这个区里，他也非常急切地盼望人们叫他做基督徒的牧师。他是一位了不起的人物；因此，我会把他看做是在邪恶的国家里一个影响很坏的人，而在至善的国家却是一位杰出的人。那些认为他知道的是一回事，说的又是一回事的人挖苦了我们。我发现他很坦白，甚至可能有点漫不经心。他当然不会放纵无度；事实上他是和一位中庸适度的女人结婚，这位女人善于规劝，并且非常注意庄严，所以她能够把丈夫每次的谈话调谐得非常愉快。当他提到上帝的时候，他战战兢兢；提到基督的时候，他欢欣鼓舞；提到圣灵的时候，他热情洋溢；当他的话题涉及人类的时候，他满怀忧伤；当涉及自然界的时候，他调查研究；涉及魔鬼的时候，他感到厌恶；谈到这个世界的时候，他不胜羞愧；谈到死，他笑；谈到天国，他景仰。他从来没有令人觉得似乎他在讨论日常事务时说得很多，而做得却很少；他说，我们太过于关心琐事了。他估计时间不是只估计第一秒钟，而是估计到第六秒和第七秒，所以沙漏对他来说完全没有用处。他的嘴很紧，比别处的人们保管金钱的态度还要小心，这是因为生怕会有什么令人讨厌或者影响恶劣的话会从自己嘴里漏出去。于是，围绕在《圣经》周围的一切都发生了回响，耶稣发言了，圣灵低语了，人类崇高起来了，人性被控制了，魔鬼咬牙切齿了，世界欢笑了，死亡已经不是痛苦的事，而且天国也打开了大门。无可怀疑，一切都是上帝美妙的工具，它护卫人类的宣誓和权利，而且渴望仿照《圣经》行事。基督给

予全人类的东西，也就是这位传道者给基督教社会的东西，因为他把一切隐蔽的东西摆到光天化日之下，并且把奥秘的、冷僻的东西都揭示出来。假使上帝赐恩，他就赞美上帝；假使上帝考查不端行为，他就坦白承认；假使上帝生气，他就向上帝求情；假使上帝要他背上十字架，他就接受。要是魔鬼捣乱，他就阻止；要是情欲烦恼他，他就叹息；要是供应品被扣住不发，他就警告。情况就是这样，还需要多说吗？不管造物主命令他做什么，而且只要对创造物有利，他都尽力而为，并在做的过程中表现出非常乐于服从，而与此同时，肉欲熏心的人每到一处，嘴巴里在冒火，他们把上帝、众人、世界和他们自己都烧着，自己终于在永远无法扑灭的火焰中玩火自焚。

三十九 图书馆

在我对这些主要人物问候之后，我被带去参观城堡大楼。那里共有十二座，是指定供办公用的。大楼全是弓形结构，长和宽各为三十三英尺，但是高度都不超过十二英尺。第一个房间是图书馆，面积相当大，里面藏有无数种类和非常精彩的文学艺术作品，全部安上了防护装置。这些书籍分成一组一组，按照题材分门别类。不管哪一种我认为已经找不到的书，在那里都能找到，这种情况几乎无一例外，这真是出乎我的预料。世上没有哪一种语言不在这个地方发挥过自己的某种作用，也没有哪一种意见不在这里表达过。然而，我觉得，这里的公民好像并不过高地重视图书馆的作用，他们满足于为数极其有限的几本更透彻更完善的书，其中最受欢迎的就是经典作品，也就是说，神学的书籍；这是人们力求得到的东西，他们认为它是作为神的礼物赐给人们，而且包含有用不完的秘诀；比较来说，几乎所有别的东西他们都觉得没有多大的价值，然而，他们博览群书，并且事前以这种补救办法来充实自己，所以他们对于胡说八道的事情一点也不感兴趣，他们也写书，但不是为着沽名钓誉，而是为着推广基督信仰，嘲笑世俗，咒骂魔鬼。人们都热切地期望会认识到，一个人所懂得的东西是多么有限，同时，以此为开端，去追求真正的知识，蔑视人类见解中空洞无物的大话。可是，在人的一生中也有很多东西是最好不要去知道的，因此，在很多图书馆里，本身就要求添置至善的简明书籍。另外有人说，包括天地万物的浩瀚卷帙已经足够他们读了。同时，还有很多人断言，比起大量的书本来，他们能够从自己内心发现更多的东西，能够更容易地对全部文学艺术从事探本溯源。因此，在这个世界上，凡是本身不具有任何神圣内容的东西，他们都不屑一顾；他们还把这些东西收集起来，作为人类精神的笑柄，以便进而使人信服这些东西是毫无用处的。那么，假使我们仅仅跟着书本走的话，让我们和书本告别吧！万能的主呀，您是人生的天书，我们可以更容易、更踏实、更可靠地从里面学到所有的东西。

四十　兵器库

在城堡的另一边，有一座兵器库，人们对它的批评更多。因为，一方面是，这个世界对于拥有战争工具、石弩以及其他的战争机械和作战武器特别感到得意洋洋，另一方面，人们却望着这类堆积如山的、致命的、与死亡打交道的工具感到不寒而栗；而当他们带领客人去参观时，他们对这种残害人类的武器表示了由衷的不满。其原因是，死亡本来就迫近眉睫，甚至暗存在一个人的心中，而那些制造死亡的手段却被大量地设计出来；他们的不满也在于，一个人居然敢于把甚至连自己都会为之心惊胆战的危险引到骨肉兄弟身上来；他们还不满，有的人在自己希望得到某种东西或者达到别种目的时，忽视了那么多的危险，而这种希望多半是不现实和未必有好处的；最后，他们的不满是，当更大、更致命的危险来自魔鬼、人世，甚至来自我们自身的时候，我们却把这样的狂热和暴力花费在争取绝无价值可言的事情上面。然而，尽管不是心甘情愿，他们到底还是拿起武器来了，其目的是为着防止某种更严重的灾难。他们私下把这些武器分发给各个公民，以便他们在突然发生紧急情况下在家中就地做好保卫工作。同时，他们还特别认真地提醒这些手拿武器的人，叫他们不要忘记精神上的武装，千万不要把他们没有防护的、无力的躯体暴露给魔鬼，千万不要因暴饮暴食而失去警惕；相反地，他们应该坚守自己的岗位，表现出机敏和勇敢，避开埋伏的敌人，要是敌人发动进攻，就用上帝的精神增强自己，击退他们。

四十一　档案馆

毗邻图书馆的那座楼专门用以保存这个国家的法院记录、法律和国家公布的条例。在这里，人们可以看到很多时期的编年史，从中得悉他们先辈的言行，并且将此和目前已经完成或者正在完成的业绩加以比较。倘若有哪些事情做得很光荣，很勇敢，那么，它就成为一个榜样，成为一种鞭策；否则，他们就会抓紧去改正它，而且，可以说他们是在作自我谴责。对于这个国家过去的历史，谁也不会茫然无知；历史的钟声铿锵有力地一再回荡着各个时代的声音，这使得他们意识到，他们几乎是生活在所有的世代里。那些对国家利益作出卓越贡献的人都得到极大的荣誉；而那些忠于上帝、显得出众的人，那些对公民们怀有善意的人，那些横眉冷对敌人的人，或者在文学艺术方面有天才的人，他们所得到的美名也不会次于前者。当别人不重视这一点时，他们是会受到非难的。今天能够了解上一个时代的活动、计划和具体事务的人实在太少了，而能够听到坦率、真诚地描述先辈生活的人也同样少得可怜！其间，人们臆想，这些先辈都是半神半人；要是有人说，先辈们在某件事情上犯了错误，他们就会嗤之以鼻。除了恭维捧场之外，没有人真实地写过关于这个世界的情况，而捧场的陋习乃是子孙后代不共戴天的敌人。恭维捧场本身就喜欢弄虚作假，所以乐于把它一直传到下一代身上去；尽管自己的国人彼此互相指责，尽管他们实际上生活过得很卑贱，然而在帮闲文人笔下所描绘的这种生活简直成为德行的化身。于是就出现了这种情况，当人们发现老一辈的传记都是由于作者立场不稳，舞文弄墨把他们吹捧起来的时候，很多人对传记的真实性多少抱有怀疑的态度。只有一个人的真诚受到公众的欢呼，这个人就是桑纳斯[1]；但是，尽管对一个人可以颂扬，却简直不允许大家仿效。要是有谁在他的国民之中企图这

① 可能是第一位执政官的名字。他是安德里亚虚构的人物。——译者

样做的话，他就会遭到严厉的批评。人们常常卑贱到这样的程度，他们固然一点也不尊重上帝的意旨，甚至他们自己对于由生活所再现出的真相几乎视而不见，而且也不让它暴露在后代的眼睛里。

四十二 印刷

和档案馆毗邻的是印刷所。这是创造力的发源地，它本身已经证明了我们时代有利的一面和不利的一面；而在这个地方，至少它是无害的。因为除了基督教的《圣经》和那些教育青年人以及帮助公民们信仰宗教的书籍之外，别的几乎什么也不印。私人抄本的《圣经》都是用他们自己的语言写的，归个人所有，正如忏悔的原理、赞美诗和祈祷书以及其他作为表示虔诚的这类文件也是这样。不管什么样的研究材料，只要对学校有益，都会被大量印刷，以便为少年基督教徒服务。散布对上帝表示怀疑，腐蚀人们道德品质，以及对人类思想起欺骗作用的文学作品，都是不能允许的。在别处，无论印刷品受到何种程度的保护，这些东西仍然错误百出；因为，尽管每一个人的好奇心、个人的抱负和印刷商的钱包都得到了满足，然而上帝却没有得到一点关切，要么就是损害了同胞。在这一年成倍炮制出来的作品中，言之无物的本子汗牛充栋，假话连篇、错误百出！令人惊讶的是，这里居然有人仅仅看个标题，就算读了全书。因为这些事情都是一个博学的、自负的时代的产物，以致聪明人和愚蠢人一起公开地嘲弄内容这样丰富的著作。他们还认为，除非有人把这些作品的名称列入公共书市目录内，那么，文

学和宗教就全部无望了。因为若不是书店保管经营，没有任何东西会被人那么愚蠢地收集起来，捏造得那么乏味，描写得那么拙劣，介绍得那么无聊。

四十三　国库

靠近兵器库的地方是国库；这对于全体公民来说，简直一点用处都没有，但是，对于外国人所产生的作用却是不可轻视的。没有人会相信，这里居然贮存着这么多的金币和银币；他们可以用来进贡给恺撒[①]，如果必要的话，可以用来为雇佣兵提供给养，可以用它和外国人做生意，赠送给外来的人，而且还可以用来维持他们的工业。他们认为，不管什么东西具有金钱价值，这种价值总是最小的；而用血汗换来的东西，它的价值才是最大的。钱币的一面刻着："假使上帝和我们同在，谁能反对我们"；另一面刻着："主的话永不磨灭"。前面刻有一只鹰，中间横着一个十字架；背面是他们的基督城，坐落在一本书上面。由此可以想见，在这个世界的其他部分，金钱起着腐蚀作用，而在这里，它却躺在国库里不引起人们注意，它除了使用之外，再也没有别的什么价值了；自然对它也就无需特别加以保护了，因为，在这个共和国里，没有人能够利用它。所以，基督城的公民不会因金钱而受到不良的对待，而别地方的人则会因此而受到比洪水猛兽还要厉害得多的伤害，发生更加难以容忍的事情。由于有了金钱，社会上贪污的事情发生了，天国也被

① 朱利乌斯·恺撒(公元前100—前44)，古罗马将军和皇帝。——校者

出卖了，灵魂也被禁锢了，身体也无法自主，而且给人招来了无穷无尽的痛苦。不管犯了什么样的罪，其罪魁祸首就是金钱，当人们怨恨他们自己被金钱所俘虏的时候，这样归罪于金钱是公正的。人类一旦把自己的基督教自由出卖给反对基督的人，把天赋的自由交给暴君，把通达人情的自由让给诡辩者，人类就会变得多么没有价值；他们就会把自己惨淡经营的努力付之东流，从而换来了最廉价的东西：迷信、奴役和愚昧！

四十四　实验室

在国库后面是实验室，它是为化学这门科学而建立的，里面配备有最精巧的炉子和化合与分解物质用的各种机械装置。这里的人无需因模仿拙劣、弄虚作假或者说谎行骗而担惊受怕；可是，这里却让人想象到大自然最细致的附属物。在这里，金属、矿石、植物的性质，甚至牲畜的生命都经过检查、精炼、繁殖和结合，使其能够为人类所利用，并且有益于健康。这里，天国和人间糅合在一起；深存在这个土地上神圣奥秘的事物都被发现了；在这里，人们学会控制火，利用空气分析水和化验泥土。在这里，大自然的模仿者有其必要的手段可供摆布，当他一面竭力仿效自然界的主要面目时，由于有了大型机械装置，结果他同时又造成了另外一些精密的和极其优美的东西来。经过古代文明民族[①]的勤奋努力，凡是已经被他们从大自然内部挖掘出来并加以提炼的东西，在这里都

① 指古希腊、罗马人等。——译者

作了严格的检验。这样一来，我们就可以知道，自然界究竟是不是真正地、忠实地向着我们。说句实话，这是一项高尚的、宏伟的事业，所有诚实的人都理所当然地支持它。而其他的人，或者因为作恶多端，或者因为被他们的不幸所激怒，他们以愚蠢傲慢的态度，拒绝承认对自然界所作的全部调查研究以及对人类理智所作的审查。他们认为，在他们从事最精巧的艺术，表现出这样或那样拙劣的模仿的时候，自己是绝顶聪明的，而且他们简直忘记了，他们所接受的东西是多么无限量，只是因为这种观点被记录下来了，并且说给他们听了，他们也就这样相信了；他们多么漫不经心地践踏大自然最得意的赐与和补偿，而让自己听信造谣者和骗子手所传播的极其可笑的无稽之谈。我猜想，我已经违背了许多人傲慢的行径，违背了许多人无知的偏见；可是当他们听到我并不施展这方面的奸计，而只是注视着它的时候，他们就原谅了我；我本着谦恭有礼的态度，更恳切地、更有利地把这解释清楚。

四十五　药物供应店

就在大门外面，有一家药店，那里经过细心选择的珍品，在世界上是无与伦比的。由于这里公民对于自然科学都有一种强烈的爱好，所以这家药店对他们来说确是整个自然界名副其实的缩影。不论自然力贡献些什么，不管技艺改善些什么，不管全部创造物提供些什么，它都被搜集到这里来了，其目的不仅限于保健，而且总为着教育的进步。因为在某些地方，有的人注意到最佳的技艺和最大限度的多样性，而这里却要考虑到怎样才能把人世间各个部门的事情完成得比较顺利些！尽管同公认的学派相抵触，但这是一种不受清规戒律约束的想法，而且它是和科学完全分不开的。要是人类的知识在最有教育意义的创造中显得漠不相关，而且也不了解这一事物或那一事物会对人类产生什么样有利的结果，同时却一面在不愉快的抽象观念和规章制度的叫嚷声中彷徨迷路，一面仍然夸口说这就是科学的最高境界，那么，这种知识该是多么的狭窄呵！在运用这种理论完成某件事情之后，最好有目的地去验证一下它对人们的实际价值，在给各种东西加上名称之后，最好也去认识一下它们的实质。难道理论就是这样的贫乏，以致在承受文艺的要旨之后竟然不准备去完成任何事情，并且在非常专门的学术问题上竟然去请教那些一窍不通的人？假使我们节约地使用我们的生命，它是足够支配的。这样一来，我们掌握最好的东西比起掌握最坏的东西的可能性就多得多了。愚蠢的行径会产生更多的烦恼和引起对劳动的厌倦，人们也因此耗尽了精力，而有些事情则不然，它们会使人们昂扬起来，并且让他们对我们的人间俗事进行深思熟虑。于是，他们把自己和别人都卷入永恒的大旋涡[①]——无法挽回臭名的大旋涡。

四十六　解剖

他们还有一个地方提供给解剖使用。在那里，人们解剖动物，因为没有别的东西像生物躯体这样的工场几乎接近于奇迹。特别

① 挪威西海岸的大旋涡，具有很大的破坏性。——译者

是人，他可以说是整个世界的微型样本和集中表现。一个人除非愿意自己变成野蛮人那样的无知，决不会否认弄清各种器官的位置和帮助延续生命力的价值。然而，有些人，甚至受过教育的人，连自己靠什么器官生存、感觉、呼吸、消化或者排泄都不知道，他们只是认为，这些功能是由皮肤里面某个部位来完成的。对于这些人来说，右边的和左边的没有什么区别，或者说，最低的和最高的也不过如此而已。基督城的居民利用躯体的各个部分，来教育他们的年轻人认识生命和各个器官的运转。他们让年轻人领略到身体的奇妙构造，并且为着这一目的，他们备有不少的骨骼，分门别类，应有尽有。同时，他们也解剖人体给年轻人看，不过，并不经常这样做，因为人类相当敏感的头脑会因想起我们自己的痛苦而感到畏缩。因此，我们在事实面前表示惋惜，我们如此精密结构的小小身躯常常死里逃生，而且不少时候还精心打扮，套上比护身所需更多的衣服，可是到头来却出现这副皮囊腐烂发臭和令人毛骨悚然的结局。但是，正如我们生命的起源本身就是一件羞愧的事一样，我们瞬间的死亡也同样真实地有它丢脸的原因。同时，我们几乎没有发觉我们有多少种疾病，不仅如此，甚至也极少估计到人体一个部位所受的一切折磨。那么，让我们赞美我们的基督吧，他尽管和我们有着同样的血肉之躯，可是他为我们取得了一种能力，让我们有时能够重新把我们糜烂的身躯变得纯洁、变得优雅。为着这个目的，我们将欣然地、心甘情愿地忍受肉体上可悲的重担，不管在什么地方，只要基督对此感到高兴就行；我们愿把全体教徒交给上帝；我们愿把他们献给上帝的事业，一旦当上帝需要他们的时候，就不惜一切让他们回到上帝那里去。

四十七 自然科学实验室

沿着解剖室走，就来到了物理大楼。关于这座楼不可能描写得过于仔细，因为自然的历史都一一画在墙上，画得非常精致，可以一目了然。天空的万千气象，地上各个地区宜人的景色，不同种族的人们，动物的画像、生长发育的万物的形态，各种等级的石头和宝玉，这一切不但呈现在眼前，还标出了名字，甚至让人看了，就知道它们的种类和质量。在这里，你可以看到亲和的力量和对立的力量；你可以看到毒药和解药；你可以看到有的东西对人体的某些器官有益，有的则有害。我所提到的这些事情，除非你身历其境，亲眼看到，那是一点价值都没有的。要是我们对于那些里面保存着珍贵的、奇特的和不同凡响的自然界样品的箱子竟然只想马马虎虎地检查一下，那么，这样做将不会有好结果。事实上，假使有一个能够作示范表演的人和一份解说材料在身边，假使有某种足以引起记忆的东西，那么，认识这个世界上的东西不是就容易得多吗？因为从总的来说，通过眼睛来接受教育比起通过耳朵来接受要容易些，而且，面对着优雅的东西，比面对着低劣的东西，在情绪上要愉快得多。有的人认为，只有在黑暗的岩洞里，并且带着一副愁眉苦脸，才有可能进行教育，这真是自欺欺人。一个思想开阔的人，当他信赖他的导师指点的时候，他就会是再聪明也不过了。我们看到很多自称为懂得自然科学的人，当我们把他们领到某种小小草本植物面前的时候，他们却踌躇起来，除非认为，他们从来没有接触过自然界这些非常悦人的景物之外，我们还能做别的什

么解释呢？假使这些人一旦听到基督城的公民，或者甚至这里的男孩子在游戏中根据成千上万药草的标记和特征，先是识别、命名、研究，然后又按相关的疾病加以分类的时候，他们也许会感到赧颜的，或者说得中肯些，他们绝不愿离开这个学习的地方，一直到他们接受了教育，对自然界有了广阔的知识为止。

四十八　绘画和图片

药店对面，有一间非常宽敞的供绘画艺术用的工作室，这里的人极其喜爱这门艺术。因为，这个城市除了到处都有图画装饰，用以表现人间的各个方面之外，还特别利用这种艺术来教育青年，使他们更加容易进行学习。于是，每一个房间都有适合于他们的图画，他们用当地所发生的事情教育青年。此外，名人的图片和雕像随处可见，他们英勇的气概和独创性的事业激励着青年人奋发有为，努力去仿效他们的美德，其价值是不容忽视的。不过，他们都受到认真的控制，要他们注意纯洁性。我想，他们这样做是因为世上的人行为放肆和作风不纯的缘故，它用低级下流的图画毒害天真无邪的人们的心灵。这种艺术的分歧，或者说它的同宗，可以分为建筑、配景、修路和筑垒的方法，甚至还包括机器草图和统计图表。不管哪一种引人注目的、超越世俗的东西，也不论其他可能像文学那样优美的东西，这里都能够看到，它们都是为着学者而准备的。正是在同样的时间，这些学者抱着以研究学问为乐事的观点去度过时日，而别人则把时间浪费在赌博、下棋，或者比这两种更加愚蠢的游戏上面；从学者身上，后面的一种人所得到是令人惊叹

的效应：他们简直没有知识来考察事物并对人们解释这些事物，只是瞪着眼睛显出一筹莫展的惊奇。而另一些人拿着画笔在画画的时候，却有极高的兴致，所以不管他们走进哪一间房，他们都带着久经阅历的目光和善于模仿的双手，而且更加重要的是，他们对事物的判断是恰如其分和训练有素的，而不是没有效果或者平庸的。同时，形体美也大大地引起他们的喜悦，以致他们以全部的心灵去把握德行本身的内在美和基督徒生活优雅的举止。

四十九　数学工具

毗连着前面那个工艺室，有一片开辟出来的地方，用以布置数学机械器具。人类挣脱自身致命的锁链所表现的锐敏和活力，由此也可以得到公开承认。尽管天空离我们那么远，而要达到原来那样尽善尽美的飞天本领又付诸阙如，然而我们还是不愿看到不依赖我们的知识竟然会出现什么奇迹。因此，我们利用许多机械设计来断定星星的距离，并且把它们记录下来，其准确程度引起人们的惊奇：人类居然有这么大的耐性和韧性进入这种学说的领域。我不打算在这里一一列举器械的名字，因为它们在著名的梯科·布拉赫[①]的描述中几乎全部都领会到了。最近新出现的东西为数不多，其中非常有价值的可算是近期发明的望远镜。这里有供学习几何用的器具，还有大量普通的工具可以帮助学生奋发图强。但是，我为什么要详细谈这些事实，好像我不知道所有这些精巧的

① 梯科·布拉赫(1546—1601)，丹麦天文学家。——译者

器具对于那些不打算使用任何数学器具的大众来说是多么无用似的！他们正是在这个问题上暴露了自己，因为他们把学识扔掉了一半，并且让天生的对付实际事务的本领也陷于无用的地步。所以，一定要等到那些自命为无需数学就会受到广泛教育的人重新赞赏数学以后，我才会相信和证明他们是真正受过教育的；我要公开告诉人们说，他们受的是半截子教育，而且一旦当他们不得已要跟着别人走向人类的科学论坛的时候，他们就要提供证据来反驳对他们的责难。于是，当他们认识到人文学科[1]这门工具的价值，计算结果的好处，并能熟练地加以应用，他们就应该受到尊敬。要是他们像在外国的门外汉一样，他们将不会给人类带来帮助、提出建议，也不会作出评价、提供设计，到了这一地步，我就认为他们理所当然地要受到藐视，同时还要把他们分到看管羊、牛、猪的行列中去。

五十　数学实验室

我终于赶忙又来到了邻近的数学大楼，里面的天体图表和物理大楼中的地球图表一样，可以说是非常出色的。天体的初动，以及由此而产生的各种运动，都在这里用图解表示出来。这里还有一张星罗密布的天空图和日月星辰的复制品。不管你想不想看，半球的凸面、凹面和平面；个别星星特殊的和准确的形状；天体的

① Liberal Arts，中世纪时罗马自由民所学习的高等学术，指文法、论理、修辞、算术、几何、音乐、天文诸科。现在则包含语言学、科学、历史、哲学等。——译者

和谐和它们彼此之间令人赞美的均衡；地球的地理图表；各种图表说明的工具和机器，小小的模型，几何的形状；机械工艺的器具，也都一一画出来了，并附上名称和解释——所有这些都应有尽有，以满足人们的要求。在那里，人们有机会对天体的各个部位从事精密的观察，而且按其最近的新发展来说，人们还可以观察到星星的黑点，所有这些现象都是在令人难以置信的细心和锐敏超过常人的情况下掌握到的。在这里，人的眼睛，也就是说学者的眼睛能够饱看珍奇；这里有很多说明材料可以作为通向记忆的捷径。说句实话，当我看到所有这些东西之后，我对于这些人的非凡学识就不感到那么惊奇了，因为我知道，机械在这方面起了很大的作用。然而，世界上普遍存在这种情况：尽管在其他一切方面都是大手大脚，唯独对于青年人没有提供什么帮助（至少可以这样说，一点也没有）；相反地，学生不得不在困难的情况下刻苦奋斗。要是其中有人居然侥幸平稳地冲破了障碍，他也毫无兴趣去考虑，如何才能使别人也订出奋斗的计划。不但如此，假使他发现这样做对他自己有利的话，他就会用新的屏障、新的石头来堵住追随者奋勇前进的道路。所以，到头来花了钱只能自豪，而没有实际的结果，文艺起不到教育的作用，知识不能用书本的形式流传下来，想表现仁爱而缺乏感情，总而言之，有一个锻炼好思想的操场，而却没有实际操练的愿望。

五十一　学习部门

当我从数学实验室被带到高一层楼的时候，出乎我的意外，我看到了一所很宽敞的、漂亮的学校。它有八个讲堂，在那里，这个共和国最宝贵的财产——青年人——受到了陶冶，并且被训练成为爱上帝、爱纯真、爱理性、爱公共安全的人。假使规定个人要把他们的孩子哺育成人，那么，他们为什么不可以同样规定，全体国民也要把自己教育好，以便在一开始就采用最好的教育和教学方法呢？这是所有责任中最重要的一项，他们给这个苦心孤诣的地方规定了这种责任，因此，他们可以对他们最有希望的孩子表示爱抚和关怀，而且可以说，他们可以预先充分估计到未来的幸福。所有这些都和寡廉鲜耻的世界毫无共同之处。因为这个世界好像一面爱她的孩子胜过一切，一面却又经常把他们关在不恰当的、对身心有害的，甚至肮脏的监狱里，他们在那里朝夕和污秽接触，终于对这类桎梏习以为常。然而，在这里，一切都是自由、光明和快乐的。所以，他们正是利用一连串图片的直观来吸引孩子，开导男女少年的思想，也使青年人受到教育。他们既不在夏天烈日之下烘烤，也不受冬日严寒的煎迫；他们不受尘世喧嚣的烦扰，也不因寂寞而感到觳觫。不管什么东西，别的地方把它供奉给宫廷显贵而沦于骄奢淫逸的，这里都把它呈献给高尚的娱乐与消遣，这里把钱花得更有价值或者说更加令人满意，这是任何地方都比不了的。因为，正如经过辛勤耕耘后的土地给当初的播种者以应有的报偿一样，青年人经历了与共和国共呼吸，并且结出了丰硕的果实以后，也给当初全部的花费以应有的重利。应该说，能够以完全同样的努力来维护共和国的安全和调节未来的生活，的确是至高无上的幸福。所以，我们一定会感到自我满足，我们在这里所抚养的孩子既是为尘世、同样也是为天国而生的。

五十二　教师

他们的教育工作者并不是人类社会的渣滓，也不是那些在别的职业上没有本事的无能之辈，他们都是从全体公民中经过挑选出来的。这些人的身份在共和国里都是众所周知的，而且，经常都有机会跻身于国家最高的行列。的确可以这样说，除非一个人能够胜任国家赋予的职责，他是不可能精心培育青年的；而一个能够成功地培育青年的人，也就有权去管理政府事务。教师都是已经上了年纪的人，他们特别以追求四种美德而闻名，即：端正、正直、积极和豁达。要是他们不是出色的学者和信徒，而且没有得到公众的高度评价；要是他们在敬爱上帝方面不是超群出众，在对待他们的邻居方面比不上别人那样正直，在处理他们自己的生活上不如别人那么严格和节制，在德行上起不到模范的作用；要是他们没有迹象说明他们是有技艺的、聪明的，在教学和教育上有极高的评价能力；而且对他们学生性格的转变能够给予重视；要是他们不情愿用仁爱的心肠、谦恭的礼遇和开明的训练，去激励他们所教养的人取得自主能力，而是采用恐吓、打击和类似的粗暴态度；要是以上这些不是教育工作的理想，那么，基督城的公民就会认为，他们不配去组织这个继往开来的小型共和国，也不配去接触未来的安全问题的实质。由于他们一直像一个国家的政府一样，如此成功地保持着他们的身份，他们才能够抱着友好态度劝告别人：千万不要草率从事，不要仅仅为了省钱，就把非常宝贵的、温顺的和活跃的青年人抛弃给一些最卑鄙、最恶毒、最乏味和最粗鲁的人去管

教。这样的人照管成人的孩子,大了以后将会不计其数地浪费父母的财物,导致倾家荡产;而且很可能以后轮到他们所生的孩子,一代不如一代。

五十三　学生

现在,有必要谈一下,学生是谁,他们是些什么样的学生。总的来说,公民们所有的孩子,不管是男是女,都要参加训练。在他们完成了六年的训练之后,他们的父母就把他们交给国家,而且不作祷告和虔诚起誓是不行的。这里的学生被分为三类:一是儿童,二是少年,三是青年。他们食、宿都在一起,并且接受体力和智力的锻炼。父母的子女愈多,就愈感到幸福愉快,因为以后他们不会有什么匮乏之虞;仅就这一点来说,我们就可以了解到,公民们的生活是多么无拘无束。这里所给予孩子的照顾要比他们的父母更加亲密,更加细致,因为,这里给他们请来了最正直的男女导师。何况,他们只要一有空,就可以随时去看望他们的孩子,即使不相识的也可以。这种做法对大家都有好处,并且已经形成了一种惯例,所以大家都把它看成是全体公民的责任,乐于承担。他们细心地注意到,要使食物可口并有益于健康,要使睡椅和床铺保持干净、舒适,要使衣着和全身的服饰保持清洁、美观。学生还经常洗澡,使用亚麻的毛巾擦身。他们的头发也经常梳刷,以免脏东西结块成团。要是皮肤和身体染上了疾病,这些遇上了麻烦的人就会适时地得到照顾;而且,为着不使疾病蔓延,会对他们实行检疫和隔离。他们对这些工作勤奋有加,而这个世俗世界履行它的责任

却马虎不已。我没有必要在这里提起学校的肮脏相,食物和床铺的不卫生,以及那些主管人员用粗暴态度对待学生的行为;因为,那些受过这类侮辱的人恰恰因此而导致终生身体孱弱,这个事实比哭泣与抱怨更说明问题。

五十四　教育的性质

他们首要的、最崇高的行动就是以一颗纯洁、忠实的心去敬仰上帝;其次是争取树立最美好、最纯洁的德性;再次是,培养精神力量——这种秩序已经被这个世俗世界颠倒了,也不知道在世俗世界的这一部分居民中是否还保留有一点对上帝崇拜之心。此外,他们感到自己献身上帝,是因为生在这个世上有其自身的规律,同时也因为有他们父母的帮助的缘故。他们一开始学习就不着眼于荒谬的耶稣降架画[①],也就是说,不执著于会引人发笑的事情,而是立意于诚恳的祷告。他们从这一点出发,通过那些人所走过的坚定不移的初始阶段、进展阶段以及完成全过程的阶段,不错,这些人都有自负的头衔;但是,当他们变得更加成熟之后,他们就很轻易地把这些头衔都抛在脑后了。头衔对于地位有很大的激励作用,这就好像高贵的思想一面是由赞美培育而来,一面是由于受到小小侮辱的刺激。严守诚实的宗旨对于受赐头衔的人来说很有必要,以免当他们这样做的时候,他们也许会愚弄青年人。而这正是别的地方处理得非常错误的关键所在,而且由于它并不是没有得

① 耶稣从十字架上被解下。——译者

失，所以更加显得错误。把没有知识的人推给国家，而又去接受报酬，这当然是不合理的。他们用禁食和劳役作为处罚手段；假使有必要的话，就用鞭笞；遇到最严重的罪行，就实行监禁，不过这种情况很少出现。男青年要在上午学习几个课时，女青年则规定在下午；他们有女舍监和学问渊博的先生当导师。我不明白，为什么在别的地方，女性却被排除在有学识的行列之外，而她们生来在接受教育方面是毫不逊色的。他们余下的时间都投入手工工艺训练并学习持家艺术和家政学，这是鉴于每一个人的职务都是根据他的爱好来分配的。他们倘有闲暇，还可以随意在城里的空地上或者在旷野里做点高尚的体育活动。他们可以举行赛跑、摔跤，也可以打球，或者甚至使用兵器从事操练；或者，要是他们已经年纪大了，可以做驯马的游戏。倘若你依然信守中庸适度和细心管理这个普遍应用于一切的原则，那么，你就会对上述种种表示赞成的态度。

五十五　第一部分——文法

现在，让我们来领略一下文艺讲堂，它们也是按照学生不同的年龄而分为三个部分。第一部分是文法和语言讲堂。在那里，男孩子经过令人满意地表现了必要的忠诚、祈祷和歌唱以后，在表达了趋向于美德的神圣与其他聪明的言词之余，就开始他们的作业，其中包括要学会以希伯来语、希腊语和拉丁语三种语言来说出各种各样的事物和动作；要能够通过比较级、不同格、时态、适当的人称和数词的词尾变化，在课堂上复述上述内容；最后，还要能够把它们连缀起来，用形容词来加以限定。他们务必真正理解自己所读的东西,对于自己所不理解的东西就把它译成自己的方言。当一个男孩子不了解你的意思,或者不知道你要他做些什么的时候,你如果用拉丁文把包罗万象的内容教给他,这种做法未免过于鲁莽;你想通过某种外国语去增进他的记忆能力吗,那也是事倍功半!所以,在男孩子懂得拉丁文的要领之前,你就试图把什么东西都从本国语言转译为拉丁文,这种做法是很欠考虑的!他们也很小心,务使他们不至于因名目繁杂或者数量太多的学科,而损害娇嫩的、脆弱的性格,因为,几乎无一例外,采取这种办法最容易使尚未成熟的思维敏锐性陷于迟钝,以致头脑陷入长期不稳定的状态。他们要是对幼年时代的早熟抱有奢望,甚至极力去追求这种奢望,那就是愚昧无知,而这种做法最后总是使孩子变成为迟钝的人。他们需要的是根正本固的性格,这要通过无拘无束的娱乐来养成;这样一来,记忆力增强了,判断力提高了,诚实的个性培养起来了,各种才能也就会逐渐适应工作了。

五十六　演讲术

更成熟一点的学生在同一个讲堂里学演讲术,他们学习根据这门艺术的规则去反驳各种论点,并且学会使用优美的辞藻来装饰他们的演讲。他们注重神态自然,而避免矫揉造作;所以,能够发扬这一特点的人,就是青年人学习演讲术最好的导师。没有逼真,艺术就会干瘪,而且会显出较多的人为雕琢的痕迹,使大家看不出一个人的实际才能。所以,经常都有这种情况,擅长于演讲术的理论家们因为在生活中生性想要显得不着边际,他们往往竟是些很蹩脚的演说者。这里还要指出一点，假使谈话是用来表明意图的，那么，为什么语言有时不能很顺畅地从舌头上流出来，就很容易明白了。然而，仍然有些人，大部分都是些蠢人，希望通过模仿而达到成功的境界，他们蠢就蠢在破坏了自己的机会，说起话来词不达意，所以再也没有比这更离题、更难听和更不得体的了。这里需要有朴素的、天然的感觉，以及驾驭上帝所赐给的不论什么样的特殊才能的本领。须知，没有人比创造语言的上帝更擅长于雄辩。关于这一点，《圣经》就是再好不过的例子，它不但使人们耳目一新，也滋润了人们的心灵。这里面不需要什么夸张手法，也不需要任何其他不相干的形式。假使一个人话说得真实忠诚、谦恭朴素和亲切热情，那么，他的辩才已经超过了西塞罗[①]。说得简单点，凡是吐露心情的东西，都会收到巨大效果；凡是散发出人为气味的东西，则是没有力量的。凡是感受到上帝风格的人，他的成就都是了不起的；因为凡是愚蠢的人认为简单的东西，其实都是智慧之物。世界上的演讲家一旦停止谈话，言语中没有生气的泛音和讲究修饰的形式倒是无影无踪了，而留给心灵的却是失望。反之，当神圣的真理引导我们从事演讲的时候，心灵就熠熠发光，精神就受到鼓舞，一个人的整个性格就活跃起来。有些自我陶醉的人讲起话来不提上帝，他们甚至在忏悔的时候也只提他们所崇拜的偶像，他们轻视耶稣基督到了极点，他们在自己的谈话中宁可提到偶像、恶鬼，也绝口不提神圣的基督教秘迹，这种人应当用那些时间

① 西塞罗（公元前106—前43）是古罗马雄辩家和政治家、折中主义哲学家。——译者

来多听听神圣的真理启发我们说出的话语。同时，他们自以为只要世俗需要，自己就具有一切优雅的表现能力。他们喋喋不休，他们有足够的能力这样做；可是，我们担心，同样就是这一群人将会在基督的法庭面前哑口无言。

五十七 各种语言

有了相当年纪的人还把他们的注意力放在现代各种语言上面；其目的并不仅仅为着知道得多一点，而是因为他们可以借此和世界上许多民族互相沟通，其中包括死气沉沉的和生气勃勃的；同时他们还可以避免对每一个假想中的学者盲目崇拜。对于他们来说，学习一门外国语是非常容易的事情，可是别的人却被这弄得晕头转向。假使他们在一年内不能很流利地使用一种语言，那么他们就会自认为一事无成；而在别的人看来，如果他们不在同一门外国语上用去十年时间，他们就好像舍不得花时间似的。他们说，专门的术语是最重要的，此外，还需要研究一点语法。他们开始时先读容易的，把那些已经熟悉的材料拿来读。有的人几乎不相信在学一门外国语时，研究同语根的语言有什么好处。熟记和反复使用，则是学习上剩下要做的事情。当我回忆起我被迫去学习，大家争论不休，以致使我感到茫然，不知道自己在做着什么的时候，我感到很伤心。在这里，我的学习就好像做游戏一样，这一事实我简直连提都不敢提，以免让人猜忌。然而，我必须记住说，我已经认识到：学习语言连带也一般地涉猎一下文学作品，其价值是比较小的；这并不是说，我们要把这些全都抛弃掉，而是说，我们不应该脱

离开它的使用来评价这种学习。因为,说这种语言或别的语言的人未必聪明,但是,和上帝说话的人则一定是聪明的。假使人们身上有了正义和诚实,那么,不管他们操什么样的语言,都是无关宏旨的;假使正义和诚实不存在了,那么,一个人不管有没有误入歧途去说希腊语或者拉丁语,都是毫无裨益的。他们过于轻信,使他们受到更好的教育的力量是来自拉丁语,而不是来自德语。但是,拉丁语言一定要保留,因为它本身在许多方面是有价值的,同时也因为它是锐利的,对所有微小的矛盾都毫不留情。这样一来,我就有可能受到责难的地方了:我对拉丁文的用处无知到了可悲的程度,接受不了它的文明,不赞成它的严密结构,或者正如拉丁文本身所惯于坚持的那样,我说的语言太粗野了。

五十八　第二部分——论理学[①]

第二个讲堂叫作论理,它是按照文艺中最好的一门学科命名的。这里的男孩子在取得了一些进步之后,就学习把教学法的各种手段应用到人间五花八门的世事上去,学习把他们所遇到的事情加以分门别类,然后,作出演绎推理,使得他们能够分辨出什么必然是真的,什么是可能的,而且在什么地方潜存着判断上的错误。这里,真理具有一种特殊标准,据此可以检验它的真伪;但是,由于它还是相当粗糙,有些妄自尊大的人虽然不是背信弃义地但

① 逻辑学的古称。——译者

却是粗心大意地把它应用到神授的真理上面去。海伦[1]的情况就是这样，为着达到挽救她的目的，希腊惹起了一次如此巨大的动乱，终于导致了特洛伊人的灭亡。她长得倾国倾城，这是事实，但是，她的举止太粗鲁了，居然凌驾于她的周围环境之上，并且把和她同样有功的姐妹踩在脚下。有的人认为，他们拥有了这种手段，就什么也不需要了，尽管他们什么都没有，这种人还是令人感到可笑的。可是，他们锋芒毕露，就让他们使用他们的力量吧！一位熟练的工人除了拿出他亲手做的作品供人鉴赏以外，决不会用他的日晷轴针或者他的铅垂线来夸耀于人。这些诡辩家在他们证明了人类有笑的能力，证明了太阳已经被弄得黯然无光，或者证明了一个三角形中的两角相等的时候，他们就为自己唱起了赞歌，好像他们把某件事情做得特别完美；然后，他们就悠闲地度过整个余生。而另外一些人则与此大相径庭，他们为自己准备了各种各样的计谋，喜欢把这些办法排列得合情合理和井井有条；而且，如果有必要的话，他们就能够从几个地方一次抽出一条计谋来。他们把这点认为是论理学的主要优点；他们并不把所有的东西都纳入它的范畴——特别对上帝更不是这样。他们激励天资高的人去认识他们被赋予了什么样的理性，同时还激励他们去检验他们自己对事物所作出的判断，以免他们感到有必要从身外去寻找所有的东西，并且将外界的理论移植到自己身上来。因为人类内身本来就蕴藏着极其丰富的判断力，只要不让一大堆清规戒律把它埋葬掉，就一

① 据希腊神话，海伦是斯巴达王梅纳雷阿斯的王后。因她被巴利斯拐去，遂引起特洛伊战争。——译者

定能把这种力量挖掘出来。然而，全部理性的最核心问题的确在于，要恭顺地倾听上帝的声音，因为上帝总是和真理联系在一起，同样也远离一切谬误和虚伪。让我们真心实意地热爱真理吧。让我们不要从凌驾于一切理性之上的上帝身上去寻求理性吧。

五十九　形而上学

另外一群人在这个地方听关于形而上学的讲演，这门科学不谈具体的东西，而专门翱翔于创造物的源头，所以，对于天生爱好同现世的事物打交道的人来说，它的确是一门很有价值的科学。他们可以更加有成果地去认识真、善、美、协调与秩序以及其他诸如此类的东西，因为他们还有神圣的灵光指引。哲学家们在黑暗中摸索的地方，他们就向非凡的太阳讨教，并且可以上升到家喻户晓的上帝那里去，而对于没有宗教信仰的人来说，上帝是不存在的。此外，假使一个人在智力上修养很深，能够区别元素及其构成物之间的差异，而他本人却居然复归到那么卑微的地步，居然让他自己的身体在污流浊水中翻滚；或者假使说，一个人能够一眼看出善的和美的，却居然那么容易被虚假的、邪恶的和奇形怪状的东西所俘虏，所欺骗，这种情况一定会使人感到惊讶。然而，不管在什么地方，人失去了自主，从而陷入了犹豫的境地，他的立足点就不稳了。所以，他要依靠一个真实的、仁慈的上帝，才能站得稳，他要把剥去肉体外衣的灵魂交付给上帝。这样的一个人将会听到无法用口头叙述的事情，将会看到天地万物，就好像是原始创造物一样十全十美，天上既不阴沉，色彩也不太重，而是像水晶般透明。于

是，在他自己难以形容的喜悦和别人不无羡慕的情况下，他将会理解到艺术的精髓和事物的要义。这种真正的美，当它还没有被很多人认识的时候，它在他们身上产生了对于这个世界的厌恶，而且，由于许许多多的缺陷和世间极其沉重的负担，使得自身也黯然无光，失去了吸引力。因此，在这个厅里，基督城的公民只要坚持不懈和满腔热情，他们就可以有能力离开他们自己，并且学会摆脱尘世的俗事。通过这样的途径，他们又重新找到了他们自己，而且有了比原来更加高贵得多的品质。

六十　神智学

这个小厅同时还作为研究一种更高等的学问——神智学——之用。这是一门不承认人类的任何发明或研究的科学，可是，它把它的整个存在都归之于上帝。大自然在什么地方结束，神智学就从什么地方开始；由于神智学是最高主宰的训谕，所以它保留有宗教上庄严的神秘色彩。即使是最虔敬的信徒，也几乎没有人能领悟神智学，因为只有上帝才能用他的灵光或者用他的基督教教义作出有益的解释。上帝在一瞬间亮明了身份；他长期守护在他的神圣场所里；尽管难得被看上一眼，但他在任何时候都是至善的；然而，他的无数善行都显示出来了，这使得每一个真诚的基督教徒都会为此而感到欢欣鼓舞。我们缺乏远见，因为我们宁可相信亚里士多德[1]，宁可高度估价这个微不足道的小人物，而不重视上帝

① 亚里士多德（公元前384—前322），古希腊哲学家。——校者

的德行,但这些德行恰好使这个小人物黯然失色。亚里士多德决不可能,也不愿意相信上帝的命令、天使的功劳、火的气魄、水的密度、大气的压力、大地的上升、人类的不朽、不能说话的畜生的声音、太阳的惯性,地球的界限,然而,这些都是我们所确认了的事实。假使我们好歹把耳朵对着上帝,那么我们就会从他的宝座上听到比上面所阐述的伟大得多的奇迹。上帝的每一个最细小的行为都值得我们去信仰,而且是不可战胜的,我们为什么不应该去倾听他的声音呢?假使我们相信一个奇迹,那么我们就必须相信他所赐给我们的全部奇迹;因为我们怎么能够区别全能的上帝所做的善行呢?所以这个学校是一个学会谦卑和恭顺的学校,在那里,年轻人学会按照上帝的言词办事,并且在遇到上帝秘不可宣的内情时,宁可保持虔诚的缄默,而不去做不体面的到处打听的事情。让哲学照样烦躁不安去吧,神智学却安安静静地休息着。让哲学自相矛盾去吧,神智学却要表示感谢。当别人犹豫不决的时候,神智学却安稳地坐在基督的脚下。谁一听到上帝号召马上应声而起,谁就幸福,谁跟着走,谁就更幸福;而那些义无反顾,决心继续前进的人是最幸福的。这就是一个献身于宗教的人在他的祷告和希望中的最主要的东西:上帝如果满意,那是幸运的;假使上帝因为我们肉体上有弱点,而要我们忧虑和毁掉的话,那么,他的意志一定是会实现的。

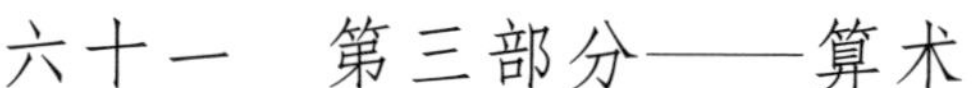

六十一 第三部分——算术

第三个厅取名为算术厅,所有精密细致的东西都是从此而来。

三位一体的上帝赐给这门学科以无限丰富的内容。假使你考虑到人类的需要，那么，没有一门学问不会从算术身上取得某种重要的帮助。假使你想到人类头脑所承担的任务，那么，你就会发现人类几乎是无止境斗争下去，并且沿着这一个方向，一步一步地慢慢前进，深入到进步的奥秘中去。我倾向于这样说，一个人不懂得算术是非常愚蠢的。所以，基督城的居民都表现出最大坚持性去从事这门学问的研究，而且，他们每天都从中发现了一些令人赞叹的心得，发现一些足以增长他们才智和减轻他们劳动的成果。他们在代数方面是无与匹敌的，因为它唤醒了人类全部的力量，它以完全独特的态度去处理自然界的各个单位数，并以惊人的敏捷去解决最错综复杂的问题。但是他们也没有忘记，即使如今人们这么能干，还会深深落进一个陷阱，要填掉魔鬼所设下的陷阱，还需要作出何等的努力；当那么多的劳动力都花在对一门艺术探本溯源的时候，要解答世界之谜，还需要何等的计算力量；要解释肉体上所不可能达到的事，还需要作什么样周密的考查！尽管他们没有为更加崇高的事情而奋斗，他们仍然认为，有一种人是无法容忍的，这种人纯粹由于懒惰，他们剥夺了自己计算上的便利，因而在处理问题时多方面地应用肤浅的方法。要是他们竟然听到，在人类中仍然有自命博学的人，我看他们未必能够抑制得住，而不给这种人一点颜色看。因为在他们中间，显然他们不允许他们的公民对所有这些人文学科表现得如此无知，而同时又架子十足地做起官来。假使在另一种类型的人中间，一开始就严格地学到真正的知识，而又能把这种知识应用于处理事情，那么，我想，对于很多人来说都是不会缺乏积极的才能的，甚至就连命运也不会抛弃他们。同时，有些人虽然在实际上并不赞成文艺，可是至少没有采取极端仇视的态度去践踏它们，这些人在我们眼里也是心胸开阔的人。

六十二　几何学

顺着次序，那些人接下去就学习几何，它和算术是姐妹学科。几何表示的是线，而算术表示的则是数字。所以几何学本身特别适合于人类的需要，并且把最深刻的命题和原理以令人惊奇的效能应用到实际问题上去。因为几何测量的不单是人们身边所要了解的线度，像顶部或者底部，也不仅仅是固定的形状，而是涉及所有的图形。它通过这些图形来改变、对比、转换、突出人类所有的工作，并且在其中充当第一流角色。假使一个人愿意从事理论的探讨，那么，没有哪一门比它更精细了；假使一个人愿意把它应用于实际问题，那么，没有哪一门会比它更方便或者更迅速了。假使你把有才能的人托付给它，那么，这个人就会变成思路敏捷并具有把知识应用于各个方面的能力。因此，基督城的居民无限关心这门学问，他们认为无论哪一门艺术都会由于有了几何学而变得更容易从事，人类也会因此而变得更有经验去处理这一类学科了。对于粗心大意和头脑迟钝的人来说，这一门学科显然没有什么价值，正如数学中其他各学科一样。可是，他们还要为粗心而付出代价，这是显而易见的事，因为他们不得不在他们的劳动方面更加努力一些，甚至于眼巴巴望着别人走捷径而伤心落泪。当阴谋、贪婪、暴食、恶习和狂怒甚至可以说愚昧和鲁莽无限度地变本加厉，并且排斥一切的时候，几何学被人不屑一顾，这有什么值得奇怪

呢？而基督城的公民则不然，当他们度量各种各样事物的时候，他们首先特别努力去度量和权衡他们自己，然后，也对上帝的善行作出评价。因为，让我们去认识我们小小场地的面积并不显得那么重要，正如去认识我们小小的身躯、狭窄的坟墓和相当可鄙的整个世俗世界一样，那是无足轻重的。这样一来，我们头脑里的空虚就会一下子缩小了，膨胀起来的内心也会平静下去。这种情况有助于使人忘掉他自己，能够忍受不幸，感激上帝，而且认真对待未来的死，所以我们宁愿有价值地成长，而不愿被愤怒的上帝把我们从以前不大有价值的状态弄到毫无用处的地步。

六十三　不可思议的数字

那些年岁比较大一点的人上升得更加高一点。上帝有他的数字和尺度，人类应该尊重它们，这是再恰当也不过的。无可怀疑，最高的造物主不会使强有力的自然作用过程陷入偶然性，他极其英明地按照尺度、数字和比例来完成它，而且把时间的要素加进过程里去，从而出现了惊人的和谐。他特别把他的秘密放在他的工场和独特的建筑物里，这样，借助大卫[①]的钥匙，我们可以显示神力的长度、宽度和深度，发现并记下弥赛亚[②]无处不在的踪迹，他把一切都极度和谐地统一起来，他聪明而又有力，善于处理一切；这样，我们就会很高兴去崇拜耶稣的名字。况且，这些事情不能通

① 《圣经》中人物，相传为古以色列国第二任国王，约在公元前 1000 年前后。——校者

② 希伯来人期待的救世主，指基督。——译者

过人的技能来领会，而是要靠启示，逐个传达到信徒的身上。因此，不管谁借用人类哲学家的磁极和罗盘，以此来度量新的耶路撒冷，计算出它的登记和神的计算结果，或者以此来加强城防，抵御敌人，他们就真正陷入了难以解决的境地。基督已经简单明了地使我们懂得努力去改进和维持生活的一切办法，这对我们来说是足够的；让我们所有的人都小心谨慎，除非基督的形象显现在前，并且指引我们了解每一个闪闪发光的东西里面隐藏的部分，我们千万不要太仓促地去接近它。有些很伟大的人物也因这种过度的自负心理而被蒙蔽了眼睛，其结果更加事与愿违，因为，在他们看来，他们并不是没有神灵启示。对于这种神秘的教义[①]采取较为慎重的态度是可取的，因为眼前的情况，我们还有相当大的困难，还要对过去的事件进行摸索，同时也因为上帝本身注定是前途无量的，他把这种圣迹显示给非常有限的少数人，而且也只是在间隔一段极长的时期才显示一次。上帝已经把他的秘密摆在我们面前，让我们热爱这些秘密吧；让我们不要和暴民一道，把高于我们的东西扔掉，也不要把神圣的东西和人等量齐观；因为上帝对万物来说是仁慈的，但是，对于他自身来说，更加值得钦佩。

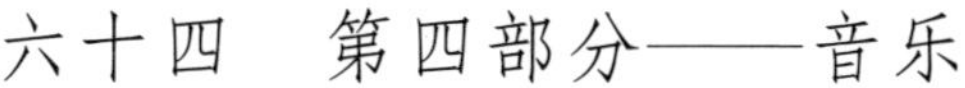

六十四　第四部分——音乐

第四个值得一提的讲堂是音乐。一个人除非已经学过了算术和几何，否则是不能进入这个讲堂的，因为它需要相当程度的度量

① 指对《圣经》作神秘解释的希伯来神秘哲学。——译者

和数字知识。此外，在这个学校里，人也是优秀的实例，因为他增强了三倍的嗓音，其音调变化无穷；所以，他不但擅长于语言，甚至懂得动物的嗥叫和鸟儿的歌唱。天上可以说是充满着旋律，可是他仍然能够与之相媲美。人的能力是无法估计的，他能够把那么微小的东西化作极大的用途。只有很少数那几个字母，他就能说出好几万个词来；只用很少的几种音调，他就能奏出无数的交响乐来。然而，世上由于有了魔鬼的邪恶作祟，它无法避免滥用上天赐与的正当的欢乐，并且使它遭受欺骗。于是，我们这里出现了狂欢乱舞、靡靡之音、酗酒闹事的现象。所有这一切早就在这个共和国里绝迹，而且迄今依旧无声无息。他们喜欢的音乐具有先知的精神，其整个灵魂的和谐一直回荡在天国里。不管上帝的选民创作什么样的曲调，也不管这种曲调是否属于愉快的、悲怆的、颂扬的或者哀求的性质，这都是他们构成音乐的材料，每天热情迸发更给创作增添了源泉。这其中，圣诗起了辅助作用，但是，它不是歌颂维纳斯[①]和巴克斯[②]的那种诗。而且，他们根据性别和年龄对各种声音作了精确的配合，所以，当他们公开集会的时候，他们全体发出的音响听起来就像和谐一致的协奏曲。没有什么别的东西能够和如此雄伟宏壮的音乐相提并论，因为，当圣灵的宠爱、作曲的成功、歌词的动人、协调音响的力量融为一体的时候，其结果必然会产生巨大的魅力。而且他们还有一个优点，那就是，他们把基督教的主要论点、正直生活的榜样、最值得牢记在心的上帝事迹都揉进

① 维纳斯，罗马神话中爱和美的女神。——译者

② 巴克斯，希腊神话中的酒神，系狄俄尼索斯的别名。——译者

了他们的歌曲,而且他们通过这种和谐的媒介把这些精华都铭刻在他们的心灵之中。世上的人在凡夫俗子的讨好卖乖声中,长期哼着下流、愚昧的歌曲,直至最后被迫陷入死亡的刺痛和良心的谴责,而不得不大声喊出更加难听的声音,但基督城的人们比这些人要精明周到。

六十五　乐器

在数学活动场所,还安排了一个放乐器的地方,而且他们在这里的活动量很大,种类也繁多。你很难发现有谁在演奏各种乐器方面缺乏技巧,但这里每一个人都可以根据他的爱好,自由选择乐器的种类,如古琵琶[①]、小提琴、竖琴、吹奏乐器或风琴,风琴可以说是集各种乐器之大成,他们拥有一些非常雅致的风琴。他们总是将最准确的技巧传授给他们的学生,这已经习以为常。这样,这些学生就可以养成处理公共事务的敏捷性,特别是使自己的整个身心在上帝面前都处于有准备的和可适应的状态。他们经常告诫学生:手之于音乐是按照内在的推动和外部的标志而上下左右移动其指头,他们之于造物主和他们之于邻人也应当是这样。这也许要好好地向有些人说一说,他们在人生各个方面都屈从于一门艺术的规章和要求,唯独不去倾听上帝的声音,可是上帝会用他的乐器去定他们的音调,把他们叫作"白板"的东西递给他们,上面刻着他们应尽的义务。于是,各阶层生活中的不协调、人们工作和礼

① Lute,欧洲14—17世纪用的古琵琶。——校者

仪的混乱，对神圣律法的忽视——这种种不协和之音都露出来了，它绝不可能使上帝感到喜悦，而必须永远被抛弃。假使他们将自己平时乐于向世俗提供辛勤的服务呈献给上帝，那么，情况将会好得多，因为上帝是不会表现出那么严厉或者那么苛刻的；但是，尽管这些乐器是很容易损坏的，这个世界又渴望破坏和抛弃掉世上这些最强有力的工具，上帝仍然比这个世界更加热心，他一定要保存好、管理好他的乐器。

六十六 合唱队

他们希望对公共礼拜尽可能多作贡献，所以他们也利用神圣的音乐。他们利用合唱队在这个城市里走街串巷，每个礼拜一次，再加上节日以达到这个目的。学校里的人全都加入游行队伍，两个人一排，男人在一边，女人在另一边；按照一定次序走遍了这个城市的街衢，给上帝唱赞美歌，既用声乐，同样也用各种器乐。他们根据年龄组成歌唱队，以便使各种声调很好地配合起来，其中经验较少的人可以由较成熟的人来弥补。当我在那里的时候，他们唱的是第一百二十七首圣诗，歌中把负责照管国家的事情托付给上帝。那时我正好自由自在地漫步在拱形的门廊上，在那里我听到了从未听过的洪亮的声音与和谐的歌唱。我耳濡目染，心旷神怡，但愿每当他们举行赞美的神圣仪式的时候，自己都能有机会身临其境。他们所唱的这些歌都是模仿天使唱诗班的，也是上帝亲自作了见证的。他们把这些颂歌所作的贡献、所起的保护、训诫和教育作用估价很高，并且渴望自己会尽可能地接近它们，所以，他

们不无理由地希望:天国的合唱队将会永远不变地和他们在一起歌唱。这些纯洁的灵魂乐于去享受公众的、精神上的愉快,胜过去听那混杂着世俗权势的城市喧闹声,这一点有谁会不相信呢?或者说,他们由于真诚喜欢上帝而奉献给高超的灵魂的东西,要多于提供给因虚荣心的折磨而变得悲哀和疲惫不堪的灵魂的东西,这一点又有谁会怀疑呢?他们说(我相信这种说法),除非他们精神振奋了,神圣化了,或者可以说是他们取得了非凡的生命力,他们决不离开这些合唱队的任何一个行列;他们说,当他们的心里充满着喜爱上帝的激情之时,他们感到天使们同他们从来没有那么接近,那么异乎寻常。他们说,上帝就是这样受到赞美,灵魂就是这样活跃起来,情欲就是这样被抛弃,世俗就是这样被避开,魔鬼就是这样逃遁的。可是,这个世界怎么样了呢?就在它干傻事、打呼噜和浪费灯油的时候,天上的新郎[①]进来了,并且把他身后的门紧紧地关住。

六十七　第五部分——天文学

天文学列为第五个讲堂,它较之其他任何一门有益于人类的学科都毫不逊色。因为经过惊人的努力,它让我们懂得了天体的运行与缓缓的转动,认识了行星的轨道和它们的位置、星座方位、它们的排列和差别,然后还涉及看得见的星星数量和大小,以及

① 耶稣活着时常把自己比喻为新郎。请参看《马可福音》第二章、《路加福音》第五章、《马太福音》第九章等。——译者

它们彼此之间的关系，它几乎让我们进入了真正的太空，而且似乎也可以说，它对我们自己的这块土地也提供了同样的贡献。由于据说天文学是统领太空的，所以无可怀疑，它也值得地上的国王实际去运用它。基督城的居民对它极为重视，他们并不担心被地球的转动抛掉，或者会被前所未闻的星球上的什么人扔到九霄云外去。他们取得了足够的荣誉，这是基督作为一个人降生在世上的时候赐给这个大地的。上帝将会对别的方面给予关注。然而，让我们检查一下那些在留心观察太空上还不如野兽的人吧。对于这等人来说，太阳也许是从西方升起，要是不借助于日历，他们简直就不懂得时间。假使这些人自命为有学问，那么，这应该说是奇耻大辱，因为他们一点也不关心圣洁的主教用极大热情所研究的学问；而如果他们胸无大志，他们将受到谴责，因为赐给人类的面目，本来是要容光焕发，而他们却让它扫地以尽。所有的辩解都给它自身带来了耻辱；它使人丧失了人性，或者简直可以说失去了令人景仰之情。不用说，人依靠他的双腿还无法登上最高住处，没有上帝的指引，他也还不可能认识到那些混乱到了极点的律法。因此可以说，只有思想高尚的人才爱好天文学；而卑贱的凡夫俗子却满足于觅食橡子和荚壳①。

六十八　占星学

在同一座楼里可以领略到占星学，我们有很多的理由给予它

① 橡子和荚壳，意指最无价值的部分。——译者

以高度的评价。不管地面对天空负有什么义务，也不管天空传递给地面是什么东西，他们有经验的人对这两方面都能探测出来。全能的造物主使他最伟大的作业互相制约，即有抑制，又能自制。于是命运的控制力量受到了关注，人类渴望求知的欣喜心情超过热衷于追求眼前结果的心情。经验孕育着信心，理论上的道理引起了疑问；对于它们两者来说，地面对天空是自愧弗如的。太阳和月亮所造成的影响是比较容易认识到的。而对于其他所有的星星，那些同这方面打交道的人都有着诸多不同的见解。当他们和我谈到这个问题的时候，我不明白基督城的居民本意究竟是什么。无论如何，他们尽管受到肉体这个障碍物的牵累，还是把他们的思想活动交给了上帝，而且也只有交给上帝。他们认为，把存在和诞生的最初一刻，和由此片刻就接受了生与死的裁决看作是所有东西的属性，这种看法是无法理解的。所以他们宁可强调，他们怎样才能够支配司命星，要是有什么羁绊的话，他们就用信仰去摆脱它。这样一来，他们就认识了一个新的天空，认识了另外的星星和运行，在那里耶稣基督就是运行的要素。由于基督的仁慈，他们冲破了一切恶势力，冲破了所有对抗的、不起作用的或者外来的势力。最会给人带来幸运的占星术就是把自己归到上帝儿子的行列中去，因为当儿子用祷告方式向上帝诉说自己的事情时，上帝很少会默不做声；当儿子恳求的时候，上帝几乎是不会拒绝的，他更不会让他的儿子暴露给离开正道的司命之星。世上彷徨者是了解到这一点的；由于他很接近上帝，他就不怕天空中出现风暴。而那些离开此道的人虽有智慧，也只能说对他们自己是聪明的罢了。此外，他们似乎居高临下，把一切都在脚下踩得粉碎，甚至无知地蔑

视真正的上天，我们决不要原谅他们这种愚蠢行径。他们一时一副面孔，一会儿卑躬屈节，一会儿桀骜难驯；今天什么都称赞，明天什么都诋毁；从来没有半点公正，经常都是十分粗暴。由于有的人不了解占星学在人间事务中的价值，或者愚蠢地否定了它，所以，我但愿它尽可能长时期地在风不调雨不顺的环境中深挖土地，培育和栽种好地上的庄稼。

六十九　基督徒的极乐之地

人与人之间本来就有很大的差别，但是一个基督徒和一个普通人的区别就更大得多了。普通人所做的事情没有基督徒所管的事情那么多。后者不但不会触怒上天，而且还能与它和谐一致。这就使他每天都能从他的朋友那里接受礼物，因为上帝命令所有的人对待基督徒要仁爱为怀。而对于非信徒来说，上天偏爱基督徒究竟大到什么样的程度，而基督徒又是怎样服膺于信仰的推力，他们是完全理解不到的。他是多么真诚地一心专注于教会，外界的人是不知道或者不了解的。太阳、星星、彩虹、冰雹和露水……我们只列举很少一部分，它们是多么慷慨地赐福给忠心的人呀！上天的体恤一直伴随着教会，这时它好像是一位稀客从东方漫游到西方，并且把它以前一直认为是未开化的人驯服起来。上天的体恤用预言书和奇迹来教导我们，它斥责邪恶，让虔敬的信徒抬起头来，使他们怀着重建的希望而放眼四望。至于上天用何等惊人的和谐去添写人间的经历，并且使教会在沧桑多变的命运中得到好处，这点几乎是无法说清楚的。由于只有极少一部分人关心这

件事，所以仍然只有寥寥无几的人在这些土地上掌握教会所指定的道路，甚至尽管他们赞美宗教，他们还是断定说，全盛时期只是偶然间才在这个时代出现。当时，他们自己并不重视反基督的、穆罕默德[①]的以及同样错误的预言家所说的话，他们也不会容许对其他方面的人作这一类的调查。然而，他们还是看到出现了另外的阴影，他们大声疾呼，竭力反对它们。假使他们对于时代的趋势所作的评价，也像对于天空的壮观所作的评价那样值得尊敬的话，他们就不至于从基督那里听到斥责他们是“伪君子”的声音了。基督城的居民首先寻找的是一个精神上的极乐之地，并且对此抱关切的态度。他们更爱有形的天，因为他们知道，这种天一向都是存在的，而且将会继续给基督徒带来吉利。由于他们在有形的天空的神圣保护之下已经建立了他们自己的城市和过着欢欢喜喜的周年纪念日，所以他们知道，只要这座城市的居民始终崇敬上帝，上天的恶意就永远也不会加诸它的头上。

七十　第六部分——自然科学

第六座楼的名字是从自然哲学中来的，我曾经在同名的大楼中提到过这个看法。他们在这个方面表现出何等热心，这是不言自明的，因为正是研究的必要性才求助于自然科学。由于它的帮助，我们掌握了每一个领域一般的和特殊的知识的奥秘，还深入检验了创造物的运动、质量、变化以及各种现象。借助于它，我们发

---

① 穆罕默德(约570—632)，伊斯兰教创立者。——校者

现了物质东西的构成因素、它们的形状、程度、位置和时间；天体是怎样运行的，它们是怎样显露出来的，各种元素是怎样组合在一起的，它们又是怎样增殖的，动物和植物为何而生长，金属有什么用处，特别是，那个在我们心里爆发出神力的火花灵魂给我们做了什么。诚然，所有这一切都是非常美好的事情，而对于那些不懂此道的人是有失他的身份的，这是经过对许许多多人作了慎重的调查之后证实的。因为，我们还没有被赏赐到这个世界上来，甚至也没有被送到上帝最满意的活动场所去，以致作为野兽，我们只有去吞食地上的牧草；但是我们却可能到处走动，看看上帝所创造的奇迹，分享上帝的礼物，珍惜上帝的善行。因为，如果说大量名目繁多的东西，它们本身的雅致、用处和成熟，一句话，整个大地的效用，不是为着最大限度地造福于人类，而是为着别的什么，那有谁会相信呢？要是有人认为，所有这些赐福都是他理所应得而无须感恩的，甚至他本人都根本没有必要去考虑，那么，他是可耻地受了骗。因为人类有创造物供他使用，所以毋宁说这是人的责任代替全部创造物去感谢上帝本身；这就是说，他对上帝的恭顺应该和他关心上帝的创造物的程度一样深。于是，他将永远不会向着人间而不去赞美上帝。或者使他自己处于不利的地位；他是会采取自戒的态度适当地利用和正确地观察这个世界。在上帝慷慨地赐给这个世界的范围内，有效去利用它，而又不被它弄得筋疲力竭的人们有福了！认识到基督徒心胸广阔的人，永远也不会把他自己屈从于创造物的卑鄙的奴役。

七十一　历史

历史伴随着自然科学，它也可以说是人类悲剧事件的重演。文字记载不足以表明这个问题的重要性。然而，在凡人当中，简直没有哪一个地方不出现堕落的情景：人的城府是那样深不可测，我们对自己的评价是那样宽容，对别人挑挑剔剔的评论是那样无所顾忌，对人的错误所作的辩解是那样的狡猾。基督城的居民非常坚定地掌握住真理，他们宁愿说真话而受辱，也不愿说假话而显荣。因此，他们愿意把所有的事情都非常明白地写下来，他们对自己所做的一切事情，哪怕关于他们的缺点，也都坦率地承认，其目的在于让后代有可能原原本本地了解过去的历程。当我们回顾到好几千年来魔王的残暴、罪恶的滋长、人们荒谬的行径、战争的可怕、屠杀的恐怖、不切实际的狂想、财富的威风、身份的混淆以及邪恶的内情的时候，我们就会感到这是令人非常沮丧的事情。在这个世界上，所有这些情况接二连三出现，而且经常发生，它们使整个时代都受到了干扰。可是，与此相反，当我们期待着上帝的胜利、道德的萌生、人类灵魂的高贵、遍及全球的和平，悠然自得的宁静、认识自己的缺点、赏心悦目的满足、多才多艺的天赋以及神圣不可战胜的力量的时候，我们会感到多么高兴。有的学者很冒失，他们感触不到这样的事实，就把它们列为虚构的故事；他们本身就配得上被当做故事来述说。同时，很显然，那些对于过去的事件表现得无知的人，他们同样都是在眼前失去价值和对未来心中无数的人，不管他们对于其他的事情表现得多么的自大和傲慢。由于

研究历史可以使人温和、谦恭和细致，所以，对历史的无知就会使他对自己、对别人都表现粗鲁，就会使他对自己的和国家的败落采取傲慢和轻率的态度。

七十二　教会的历史

基督城的居民把世界上一切的东西都看作次于教会，所以他们关心教会的历史甚于关心其他任何东西。由于教会是唯一的方舟，可以容纳那些等待拯救的人，所以他们宁可挂念教会，而把世界性的洪水泛滥置之度外。于是，他们指出，一小群微不足道的教徒被收容在一起，要感谢上帝多么广大无边的善意，教会是怎样用上帝的圣约保护起来的，怎样用律法使其秩序化，以及怎样以《圣经》来加强它的力量；他们说，教会是通过何等软弱无力的手段扩展起来的，它受到小集团力量的打击是多么的重大，而它又是受到那样得力的帮助来保卫自己的；它的安全是靠流了多少血，作了什么样的祷告才确保下来的，十字架的旗帜是在魔鬼发出多么厉害的咆哮声中取得胜利的；他们说，稗子[①]是多么迅速地生长起来，教会的光辉是多么经常地被贬到一角之地去，特别严重和顽固的是，在反对基督的情况之下，灵光曾经有多少次蒙受遮蔽；他们说，在我们自己的时代，在伟大的路德的指引下，它是怎样经常地在绝望中起伏沉浮；他们说，多么淫猥和污秽的东西经常糟蹋着它，而

① 见《马太福音》第 23 章第 25 节："及至人睡觉的时候，有仇敌来，将稗子撒在麦子里就走了。"——译者

凡间的人又给它带来了多少的麻烦。像上面所说到的这一类许许多多的事情，连同教会发生周期性的和谐的变迁，他们都身临其境，并且仔细地让青年人把这些事情牢记在心：他们可以学会信赖上帝，不信赖凡人，蔑视世俗的威吓，耐心地忍受这个世代的黑暗。这一切也都是绝妙的，可是，另外的人可能以忘掉基督教会的历史而自诩。即使以牧师的情况来说，也不大需要上述后一种人，在提供对比的地方，用一种演绎推理或者用另一种演绎推理来作比较，又是做得多么不够，这些情况在这里就不必详加叙述了。这是魔鬼玩弄的把戏，他一面把过去以宗教为口实的争端和异教带来的灾难从我们眼前消除掉，一面又留下教会的潜在阴影，以取代明朗的、一目了然的灵光，直到我们因为某种迟误而逐渐使我们自己习惯于迷信和邪恶。哎呀，要是人们能够稍停片刻去回顾一下我们宗教改革的严肃性，那么，买卖圣职和对安全的错误想法就不会影响那么多人了；唉，要是这样的话，人们就会更加认真地保卫宗教，因为它不但憎恶罗马教义，同样也嫌弃她的伦理道德！同时，基督城的居民并不是那么经常去想广义的教会，他们还经常想到他们自己的、存在于他们内心里的一个小小的教会，于是，为着精神反对肉体，为着站在天国一边反对地狱，他们在内心里不管做了什么，正如他们时常意识到神的显灵一样，他们都把它记录下来，其结果呢，他们可能会相信和认识到他们是上帝的选民和宠儿。

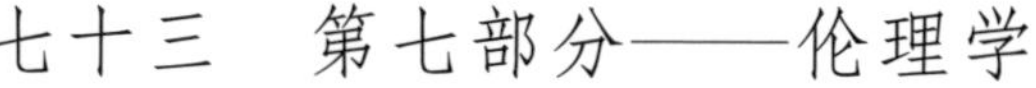

七十三　第七部分——伦理学

第七个讲堂以伦理学作为主要的科目，他们培养人类的一切美德，培养谨慎、正义、公道、勇敢，以及诸如此类的品质；他们不但希望学生严格遵守命令和规则，而且还要表现在实际的行为上，特别是日常的光辉榜样上。劝告别人本着正确的态度去做事，而我们自己的生活却与之背道而驰，这种行为是可笑的。那些极力夸耀天国的人不应该沾染上世俗的气味；那些谆谆告诫别人要维护正义的人不应该伤害任何人；那些提倡节制的人不应该过放荡生活；那些自命为英勇的人应该永不丧胆。假使有人走在前面，他们不会缺乏追随的人，因为可供仿效的模范行为一定是很多的。在这里，他们给完成了工作的人以奖赏；他们从好人的社会里把各式各样的运气全都赶跑。他们认为，命运纯粹是虚构的，并且是立足于我们的奇想；我们相应地寻求我们想象中对自己有利的事情，而避开对自己不利的事情。由于我们能够自己掌握，让情况总是对我们充分的完满，因此我们一定要说服自己，去忍受不幸，去备受煎熬。他们认为，只要我们渴望我们所不能得到的东西，我们就将经常处于缺乏之中；只要我们拥有那些没有人能够从我们自己手里夺走的东西，我们就将经常处于充裕之中。这是千真万确的道理；因为我们的不幸，除了责怪我们自己以外，没有人需要对此负什么责任；要是我们各自垂涎属于全体的东西，并且因此而不断侵犯别人的利益，那么我们就得经常和他人争吵，于是也就总会有人要征服或者压迫我们；或者就算实际上没有人干扰我们，我们肯定也绝不会感到自我满足。而且，由于这个理想城市的公民理解这些事实，所以他们只愿意把他们巨大的财富放在他们自己的心中，而不愿堆积在别的任何地方。何况，因为他们不需要一种单纯属于想象中的财富，所以他们相信基督，承认基督，确信由于基督的爱，他们才结合在一起，实现了圆满的、相互之间的友谊；由于他完美的真理，他们才得到了指引，他们从他身上学到了周到的礼貌；由于他十分宽容，他们才得到了饶恕，或者，笼统用一句话来说，由于基督的仁慈，他们才变得崇高起来。我的确以我整个的心灵祷告上帝——我们的创造者、保护者和一种合乎道德与有条理生活的奖励者，要么让我们高高兴兴地去仿效这种崇高的德行，要么让我们去听命于以最下贱的品行和最愚蠢的做法充塞这个世界的人。

七十四　政府

更为奇妙的要算是政府，它非常明显地运用建设性的智慧去管理众人和保卫全体居民。我已经说过，他们宁愿要寡头政府，而不愿要其他的政体，因为通过这个途径可以更接近于基督教的社会。在这里，他们树立了人类三种良好的品质：一律平等、渴望和平与蔑视金钱。而这个世界从来就被与此完全相反的品质所折磨。他们同时还把心灵的修养摆在很高的位置，并且已经让所有的人知道，任何人都能够比较容易地认识他自己。对于他们来说，基督徒的最主要之点就是要使他们和周围的世界在道德上和在宗教上有所区别，于是，哪怕对别人来说是合适的事情，他们也不能去做；别人容忍的事，他们也不该容忍。他们说，传播福音需要一个完全不同于世俗的政府，而评定这个政府则是基督教的事。他们斥责这个世界，指出身居高位的人目中无人，牧师伤风败俗；官员缺乏诚实，公民铺张浪费，众人偏离了正道，这个世界对此居然熟视无睹，而其唯一的借口就是，因为他们都是人。他们认为，这只不过是意味着，缺

少认真的努力和正确的政府规章，因为人类终归不是野性难驯的动物；后来，甚至群魔乱舞的格斗场也开放了，人们甚至能够坚持到如今，这是出人意料的。他们说，还有很多恶劣的、有害的做法竟被当作是有好处的和值得称道的；而对这些做法提出批评却被认为是大逆不道。最好的法律就呈现在眼前；但是，谁要是过于热心去秉公执法，他就会受到嘲笑。他们说，他们并不认为政府是按照基督的原型组成的，在那里，他们所理解的是，上帝并不比人有价值，灵魂不如躯体，躯体不如钱财；在那里，富有的堕落并不被认为是犯罪；贫穷的善行也不被认为值得嘉奖；在那里，犯罪的教唆者得到奖赏；而被腐蚀的人，结果却是死亡；在那里，一个人的灵魂可以廉价出售。尽管我竭力想对这些议论作出解答，可是却做不到。所以，我把这件事情委托给我们时代的政治科学家，如果他们认为对普通人的事情无所裨益，他们是不会用卷帙浩繁的篇幅来描绘这个世界的。然而，我一向认为，许多事情被说成是违反我们时代的道德，这并没有什么不公正的地方，要加以纠正，并不比保持这个世界原有不道德的面貌还要更困难。我们认为，如果我们对神赐的东西和上帝神圣的名字给予一定的尊敬的话，我们可以对自己的事情严加防范，以免受到伤害；因为有些人被认为是以迷信的眼光去看待事物，而另一些人则显得狂热；只有基督徒可以自豪地说，他们无愧于从不可能的事情中详细列举出可能的事情来。

七十五　基督徒的不足

对于基督徒来说，凭借伦理和政府的教导是不足以为善的，除非他们选定了德行高超得多的基督作为他们的模范。由于基督本人是至高善行的最完美的化身，所以他应该有一群模仿者。而且，这些善行是人类优点中所没有的，是只能从基督教教义的信条中才能找到的。那些为人类而献身的人把这些善行叫做基督徒的不足，为此我们甚至于放弃了本来许诺给这个世界的东西，这样，我们就可能一心只想着基督。那些加入这个行列的人应该抛弃、忘却和忍受所有的东西。他们喜欢单纯胜于聪明，无知胜于有学，沉默胜于雄辩，谦卑胜于显贵，老实胜于机灵，短缺胜于富裕，受业胜于教导，忍耐胜于举动；而且，不管世界上什么东西被认为是低下的，只要无害，那么，他们都想要的。不要以为这些人都是既狡猾又想要攫取世上所有最主要的东西的罗马米诺主义者[①]；也不要以为他们是有着自己的看法和不可思议的自尊心的虚伪圣人。他们是一群欢天喜地的人，在这个世界上不管做些什么，他们都是很熟练的。他们从上帝那里不论得到什么样的赐与，都平分给别人，几乎一点也没有留下给他们自己。他们不为别人的冒犯所激怒，也不因成名而趾高气扬；他们不会由于富裕而洋洋自得，也不会因贫困而垂头丧气；他们并不推崇吹毛求疵的争论，但并不轻视任何微不足道的事情；他们对年华流逝的威胁并不伤心，他们对于当前事态的传闻也不感到踟蹰；他们不为嘈杂之声所扰乱，但他们敏锐的机智绝不是离群索居得来的；他们活着无所忧戚，面临死亡也毫不变色。这种人只是极少数，可以毫无疑问地说，他们和那些已经看透了一切的人并

① 米诺主义者，即圣方济各会的修道士（该会为意大利教徒圣·弗朗西斯所创）。——译者

无不同之处，人事和人世间的学问对于这些人来说早就昭然若揭了；他们在地上游荡之后，唯一的愿望就是确认天国的存在。没有人比那些善于摇身一变冒充斯文的人更加任意胡为和愚蠢，没有人比那些在知识上兜圈子的人更加肯定地无知，没有人比那些背上财产包袱的人更可能陷入匮乏之中，没有人比那些冒险投机的人更加容易受到惩罚。因此，那些惯于嘲笑和批评那一类人们的人反而提供了这样的真相：他们对人事不感兴趣，只是整天在泥坑里打滚，他们蒙上帝之恩才得以从困境中摆脱出来。

七十六　第八部分——神学

现在就剩下了第八个讲堂，它是专门供研究神学使用的。神学是人类所掌握的最出类拔萃的事物，也是哲学中的哲学。首先，这个讲堂讲授的是《圣经》中有关圣灵的表达方式；经文的力量、优美、效用和深刻，使得学生能够从这样或那样的措词中，从单词的这样或那样的组合中理解到所说的是什么意思；他们因而有可能学会去赞赏这一类的语言，胜过去羡慕这个世上的一切修辞。其次，他们受到激励，虔诚地去仿效这种非凡的言语，于是，当他们将要想为自己从孩提时代取得圣洁思想的强大宝库时，他们也许会知道，如何让它们同样也适合于人类的需要，而且他们也许会学到以同样的精神对别人说话，基督的使徒就是用这种同样词句向人们传布福音的。第三，他们用所向无敌的《圣经》的论点和强大的力量武装他们，于是，当他们被异端邪说所侵蚀，或者被抱着错误论点的、本身正是魔鬼的牧师所抨击的时候，他们就会懂得怎样去

保卫来自真理源头的诚挚的真理，而且，他们还会学到怎样随时随地去防护犹太人清澈的泉水，避免受尘世的污泥浊水或者人类的俗见所污染。他们把这个论据叫作经院神学，它教他们理解，仿效和保卫《圣经》的教导；他们从中训练他们的学生，以便提醒他们：这些事情本身实际上并没有在基督教信仰方面达到什么目的，可是，他们的确倾向于为完成某种重要的事情做好准备。另外，他们特别忌讳宗派的名称，尤其不愿提起它们；而且，尽管他们爱听路德教徒这个名字，然而，他们还是首先为做基督教徒而奋斗。根据这种情况，我猜想他们不会赞同那些人——那些尽管承认什么平安的升天，并且同样安安稳稳地去永眠，但并不多大关心圣灵所说的这番道理或其他事情的人。其次，我猜想，他们并不把全部神学限定在对听众宣讲的经历上，因为尽管一个人既愚蠢又邪恶，也有可能滔滔不绝地向人们说些借用来的甚至是圣洁的话语。另一方面，他们也不喜欢那些人，他们把全部神学变成为谩骂、不和与伤害，他们不容许崇拜上帝，要么就是使这种崇拜变成为纠缠不休，或者有争议的性质。最后，我猜想，他们不会允许因一切无害的不同见解而产生派系斗争和仇恨，但是，他们总是经常按照需要以这样的方式教导他们的学生：他们可以根据基督教《圣经》的不同说法形成各种意见，向与会者演说，捍卫真理，避免分裂为各种教派，而且，基督喜欢神圣的人胜过能读会写的人，喜欢服从的人胜过论理学家，他们可能宁愿以此为理由去调节基督徒的生活，这也许更幸运、确定无疑地更温和；因为，在最后对死的反抗中，灵魂的心计所能做到的事情比起用基督的血净化过的良心力量所能发挥的作用要小得多。

七十七 神学的实践

然后，他们以最大的虔诚献身于实践的神学来要求自己。这种行径使他们学会了祷告、深思和经受考验。是智慧把《圣经》的文句深深地铭刻在我们的心里，并且把它们贯彻到我们的生活中去，其结果是，我们有可能认识到上帝的神秘。在这里，不仅需要称赞非凡的《圣经》，而且还要称赞它的统一性和协调性。因为基督就是全部奥秘的总和，所以，我们内心的新生可以说就是新的童年时代、青年时代，甚至成年时代的开始，它极力要求我们不要同意亚当[①]所说的，而要同意基督所说的，因为基督就是一部记载着我们这些受神拯救而获得永生者的名册。那些依照人为的规矩而创立神学的人，是无法透彻了解这一点的。因为我们需要一种出自内心的既有腐蚀性又有很厉害的酸性的物质来破坏内部结构，并把它们弄得粉碎。除非我们停止，基督就不会开始；除非我们沉默，上帝就不会开口；除非我们驯服地接受它，圣灵就不会活跃起来。古往今来，世上所有以敬神为名的人就是为着那个安息日而全都受到了嘲弄。基督的圣徒就是如此的狂热，他们不但相信基督被钉在十字架上，甚至他们自己也愿意被钉上十字架。保罗[②]的信条就是这样愚蠢，除了虚弱无力以外，别无可以自豪的东西，这里通常都有来自魔鬼方面的较大威胁，他本来就是有害的，而在

① 据《圣经》说，亚当是“人类的始祖”。——译者

② 据《圣经》说，保罗是耶稣基督的使徒，曾到希腊、罗马等地传教，宣扬“为奴的”必须无条件“顺从主人”，“抗拒掌权的就是抗拒上帝的命。”——校者

这里，却显得坏到了极点，因为他偷偷地潜入人的心里，使得人不再属于上帝的了。从此以后，一个人的灵魂出现了狂怒不安、胡言乱语和其他可笑的迹象，它们不是从上帝那里感悟而来，而是从灵魂本身产生的。所以，基督城的公民习以为常地认真告诫他们自己的人和别人，不许要求什么，没有上帝的指点，不要妄图超出基督徒朴素的范围，去达到什么目的。因为我们不能像以前保罗那样碰运气都到第三重天[①]上去，然而，我们还是能够和他一起成为像基督那样受人喜爱的人。假使我们执行福音的教义，假使我们听从使徒的旨意，这样做就会符合真正神学的需要，而且我们也将不乏以其他方式来显示或者宣传天使们。于是，正如名副其实的神学不重视那些粗俗的、华而不实的基督徒一样，它也不承认那些极端拘泥于陈规陋习的人，以及那些完全陷入意志薄弱的王国的人。基督教教义的最适度之处在于，根据基督的天秤给上帝所有的孩子加上恰当的砝码，并且按照一定的方法对他们给予个别的训练，使他们得以理直气壮地请求上帝的帮助。

七十八　预言

现在，要是我们非常仁慈的圣父宠爱一个人多少有别于宠爱其他人的话，那么他们是不会随便否认这个事实的，但是，他们要检查一下预言的精神。于是，他们就设立一所预言学校，他们一点

① 希伯来人认为，人间之上共有七重天，最高的第七重天是神和天使的住所，使徒可以到第三重天。——译者

也不想依靠骗取了很多人信任的预卜去说教，但是，却把这所学校当作是一个可以使他们看到融洽和真实体现预言精神的地方。而且，由于没有得到神的启示就不能做到这一点，所以他们都以敬畏主的心情来议论这件事，看看是不是任何人都能受到不寻常分量的福祉。因为很少有人能够根据《圣经》文句中的差异来校正它们全部的版本，能够从他们最隐蔽的内心深处引出预言来，能够将摩西[①]的典礼与基督的典礼调和起来，能够抓住《旧约全书》中引用过的使徒的甚至基督的论点，或者在那么多解说者的宣讲中能够达到诸如此类的目的，——确实很少有这样的一个人，他对这些论点树立了自己的信仰。说实在的，很多事情使他们产生怀疑，究竟是不是一个个都会很慎重地作出自己的判断。所以，他们承认，仅就预测未来的事件来说，或者以说明过去的情况来说，他们迄今仍然没有理解圣灵的至理名言，然而，他们还是满足于神圣的启示，因为这是灵魂的永恒得救所赖以实现的。除此之外，他们还恳求上帝，以他最大的恩惠，使他的孩子多少懂得一点深深地蕴存在他的《圣经》里的丰富智慧，而且在神圣的每一页中都把他的儿子——耶稣基督——显示给他们。他们作了这样的祷告，到底会有多少成就，他们没有告诉我。

现在，我以拙劣的文体把我在基督教学校所看到的几点浮光掠影地一笔带过，然而，我相信，我还不至于因为自己蹩脚的文字，甚至也许还因为不好的记忆，而损害了原原本本的事实。我真希

① 据《圣经》说，摩西为古犹太人的领袖，曾带领在埃及为奴的犹太人迁回迦南(今巴勒斯坦西部地方)，喻为乐土。——校者

望有些事实,哪怕不是全部,甚至只有很少一部分,会使我的虔诚的和基督徒的读者高兴,或者甚至能够让他鼓起勇气去访问基督城,从中得到比我所已经告诉过人们的更确切、更详尽的信息。假使他能够像我那样以同样坦率的和自由自在的态度去传递这些信息,那么,他就理所当然应该受到一些人最由衷的感激,因为事实上,他们是需要有人这样及时地替他们做这种工作的;但是,特别要无限感谢他们的还是我,因为他不但帮助了,而且还纠正了我的工作。

七十九　医学

在这一层楼上还有四个房间,我也得到机会进行考察。两间供研究医学用,其余两间则是为法学配备的。这里,我想先说医学,而把法学方面应该说的很多事情留在后面。可以这样说,医学科学的精巧,方法和合理之处是不容易解释清楚的。我们必须承认,它是上帝赐给人类的非凡礼物,它使人类变得心灵手巧。在这一章里,我们对它没有更多的东西可说,因为在作为医学科学主要基础的物理、化学、解剖学和药物学各章中,我们已经作了高度的赞扬。不过,这一门科学在这里有它独立的活动中心,它深入探究各种疾病,并设法加以治疗;它还要对超越正规学校所提出的问题给予指导。无可怀疑,每一个有理性的人都为自己的身体铺平一条道路,使自己足以生活下去,以便履行日常的职责,而不是让自己的精神萎靡不振。因此,医生就经常向他们的公民提出禁酒和体操锻炼的建议,作为保持健康最可靠的预防性措施。在另一个

房间里，人们进行外科手术的训练，它对人的身体提供诊视情况，并且给予实际帮助。我们人类实在是很差劲的，以致难免需要减轻痛苦，难免不被刮破、烧伤、划伤和残缺，而且我们的身体几乎没有哪一部分能够免遭无数危险的侵犯。因此，这就需要各种各样的活动和多方面的器具，以应付这些不利处境，同时也可以使缺陷得到补救。此外，认真看待我们的缺陷，或者更确切地说，认真看待由于缺陷所遭到的惩罚，对于人的身体所经受的种种折磨来说，的确是一种再好不过的事情，而且还好在更加乐于抛掉我们虚有其表的自高自大的心理；然后赶快到那位医生[①]那里去，他不但很容易医好患者的痛处，恢复已经丧失了的功能，而且还会使死的复苏，使已经散失在最细小的尘埃里的东西重新聚集起来。我们还可以这样说，我们一定会重视医学，其原因并非完全由于医学把长寿献给我们，或者用它与死亡相抗衡，而是由于我们非凡的上帝一直希望，通过他的创造物和它们所产生的效用，必然会给我们带来好处。

八十　法学

无论从哪一方面，我都可以肯定地说，律师在我们基督城的朋友之中是没有什么用处的。因为他们都是循规蹈矩地生活，除了一年一度要尽纳贡的义务之外，他们不受其他任何法律的约束。职是之故，他们不愿为诸如外国官方命令、法典、法令全书或其他

① 指上帝。——译者

法定的法规汇集等等操心，无论是正宗教规、信教自由，或者漫无节制，他们都一概不闻不问。在这里，没有什么东西是不易解释清楚的，没有什么东西比正义更受人关注，而且人与人之间也没有发生过法律上的纠纷，因为诉讼不会给诉讼双方带来任何好处。解决争端与纠纷易如反掌，用不着求助于“法典大全”。所以，他们认为，他们已经远离了诡计与陷阱，特别是免除了由于身体的不安而给灵魂带来的危险。要是他们特别关心财产的损失，他们就越不能忍受哪怕一点点损失。因为，要是一个人宁愿生活在争吵中，而不喜欢平静的话，那么，依据硬性的法律规定，历来只会使人失去、取走、拉走、带走、拍卖、勾销、消除或者放弃某种东西；被认为是强迫、敲诈、抢夺、勒索、诱骗、偷窃、盗劫、侵吞行为。然而，这些方法与其说是大部分法学家所做，毋宁说是政治家所为。于是，律师们在这里也设立一所学校，这与其说是出于需要，毋宁说是出于荣誉。可是，他们并不是无事生非，庸人自扰，他们是为政治的管理机构服务，他们还对充满着平等和诚实的罗马法律作出解释。我在公证人的房间里也注意到了同样的情况；他的存在好像只是为着填充空间，而不是对这个共和国所要完成的事业起什么重要作用。但是，只要有什么东西需要抄写，就可以把它托付给这些人来做。而书法的艺术所得到的荣誉绝不亚于一系列最有价值的发明，为此，它同样有资格在艺术的行列中占一席之地。有的人还说，文字的形状也像数字一样，具有某种从排列顺序和价值中产生的意义。可是，基督城的公民并不一定认为是这样；他们更乐于将自己的心献给上帝，这样一来，上帝就可以用他的手指写下会保佑眼前或未来生活平安的东西。这就是他们神圣的符咒，这就是他

们占卜的艺术，这就是他们神秘的主要内容，这些东西越是可靠，他们就越喜爱它。

八十一 青年人的宿舍

留下的两层是准备作浴室和宿舍用的，其中有两侧是给男孩子的，第三侧是给女孩子的。因为他们希望女性也能自由地受到教育，所以他们特别关心那些置身于青年当中的男人都有这样的妻子，以便她们能够对年轻的妇女和少女尽到教导的责任。房间的安排可以从插图中一目了然。这里，有一件事实必须说明一下，那就是，那些成年人都结交男孩子，那些已婚的男子都关心成年人，而检查的工作又是全面地、仔细地铺开，其结果是，在最大可能的范围内使青少年避免了道德上的堕落。而且，由于有了长久保持良好状态的训练制度，堕落的现象极少产生，所以人们都认为它的价值是在一切幸福之上，特别当我们想起在其他地方的学校和公共教育机关里的青少年身上表现出异常、腐化和犯法行为时，更是这样。所有的人身上都有家庭的、粗俗的或者甚至父方的和天生的罪恶与劣迹的烙印，并且把这些不良的品质传给了他的同伴，成了一种充满毒素的腐败势力，影响所及，不但使那些完全要献身给上帝的人也在劫难逃，而且还到处散布邪恶、欺骗和粗野，最后完全抓住他们不放，使得他们无法从他们整个的生活中和最光荣的职务中摆脱这股腐败势力；其结果是，天真无邪的人受到了可悲的污染，因为时疫从个别人身上扩散给许多人，而当这些人染上之后，又再去侵袭别人。所以，现在的父母都害怕，他们的孩子几乎

没有别的地方去接受对上帝的最真诚的教育。而正是在这一点上,他们就格外需要非常热切的祷告。这样,他们才可以格外细心地把他们的亲人交给神去保护。他们唯一的心事就是,通过守护神保护的力量,他们的亲人能够远离那些污秽难听的和令人讨厌的言语,能够堵住他们的耳朵,而且还能够加强他们热爱谦虚和憎恨下流的勇气。

八十二　大教堂

最后,在城市的中部,我参观了大教堂,它是一座富丽堂皇的建筑物,里面豪华与天才交相辉映。然而,这是无可厚非的,因为在这个共和国里,没有人会有匮乏之虞。这个大教堂是圆形的,周长三百一十六英尺,高七十英尺。其中有一半地方是供聚会用的。里面的座位是就地开辟和挖掘的,这样它们上升的坡度就会小一些,人们可以从各个不同的方向等距离听到演讲人的声音。另一半地方是留给分派圣餐和演奏圣乐用的。教会的元老和执事都有他们的专座,正如插图所指示的。是在离开演讲台并不太远的地方。但是,教堂里还演出宗教喜剧,每隔三个月举行一次。他们非常关心这件事情,目的是想让过去神圣美好的事物深刻地长留在青少年的脑海里,而且让他们在处理这一类事情的过程中,他们的才干也可以变得更加熟练,更加敏捷。当我亲眼看到诺乔加斯[①]的《耶利米》在大庭广众中演出时,我对他们处理事情的艺术技巧

① 汤马斯·诺乔(1511—1578),戏剧家。——译者

实在是赞叹不已。大教堂的四周墙壁上到处开有窗户，阳光可以普照各个角落。没有开窗户的部分画上宗教的图画，或者描绘《圣经》上的故事，显得金碧辉煌。至于人物画，我所看到的只有耶稣钉在十字架上那一幅，设计极为精心，即使是铁石心肠的人看了也要感动。教堂里其他的装饰物，除非把它们毫无遗漏地一一呈现出来，简直无法概括地加以描绘。只要说明一点就够了，这就是，我无法充分地表达它的艺术和美。尤其是当我回想起有些人以宗教为借口把礼拜堂劫夺一空的时候，当他们把大教堂败坏得不成样子，却忘不了把他们自己的家庭装修得铺张扬厉的时候，我的心情更是这样。的确，他们都是有道德心的新教基督徒，对于他们来说，假使古老朴素的天赋触犯了除他们本国之外任何别地方的人，这显然就是一种罪恶！唉，那些宗教改革者们把他们自己的安乐窝当作毫无用处、徒事虚夸的场所，难道就是为着把神殿弄得空无一物吗？那些禁止装饰上帝大教堂的人，或者那些在这个问题上十分固执，但在其他方面却挥霍无度的人，很可能会在这里发现一些足供他们吸取的教训。然而，我现在的任务不是拿我认为正确的想法去教训别人，而是详细叙述我所看见过的事情。

八十三　神的召唤

越来越多的人被指引去献身教会，他们在此之前对什么都不关心，或者说不上有什么内心的冲动。这是他们的信心，他们的庇护者，他们的荣誉。做父母的人都希望，并且通过热诚的祷告祈求，有朝一日能够在他们的家庭里出些上帝的解说者，或者上帝的牧师，但他们决不想通过世俗习惯来获取或者购买这种成果，因为他们认识到这是人类最高的职位。所以，不论在什么时候，上帝的特别赏赐，也可以说，与圣灵密切的了解就变成显而易见了；当生命好像充满着至福的思想的时候，当祷告甚至有一种内心感觉的和谐在支持着一个人的时候，天国和基督召唤的启示就同时下达了，这种启示符合于心灵内在的冲动，并且通过他们所负的超世俗的责任，用信念来激励他们。而当他们再加上公众的和规定的祷告，并且举行了按手礼的时候，他们说，这时神的恩赐就非常明显地出现了，一个人以前就很好，这时还会变得更好。因此，神的召唤在人们心中受到很高的评价，并且还被认为是奏效的；而在传道士看来，这是天国恩典的一种标志，说明他已经进入与上帝订立圣约的圈子里了，所以他有可能得到上帝的帮助和教诲；他自己不会对真实的和有益的事情保持缄默，也不会添加任何人类虚构的东西，而且，要是对上帝的全体信徒有必要的话，他也会献出生命和血肉；同时，他还会放弃人间的豁免权，而且确实表现了高尚精神的愿望。那样的教会的确是有福了，它的牧师供奉圣职不是为着生计，他们在圣职方面受到谴责是因为他们萎靡不振，他们被人承认，是因为他们在某些方面拥有一点学识，他们被推上这个职务，是由于他们父母宽容大度，他们的发迹让他们付出了血的代价，他们的升迁是因为投合了好奇心，他们一心想发现，他们能够为心灵做多少事情，或者造成的损害又有多大！那样的教会的确有福了，它的牧师以上帝的《圣经》来测定他们的荣誉，以教会的增加来判定他们的财富，以挫败恶魔来断定他们的学识，以抛弃情欲来决定他们的欢乐，以公开承认穷人来评定他们的名声，以充实信

仰来确定他们的意图！那样的教会的确是幸运的，在这里，上帝命令，人类遵守，天使援助，政府赞同，人们倾听，青年人成长起来了！可是，哎呀，对于那些已经变坏、堕落成为相当轻薄无聊并对神的召唤漫不经心的人，他们的长辈接受上帝的命令，担心他们的灵魂，以关注的心情与刚毅的勇气把他们从反对基督的奸诈中拯救了出来。

八十四 宗教仪式

我们已经叙述过他们在神殿里的布道。担任这种工作是地方教会主持人和教堂的执事们，前者解释《圣经》，后者宣讲宗教的主要原理。他们还有一些下属在他们死后继续任职，因为这里不允许仅仅对死者寄托哀思而已。宗教仪式以祈祷开始，以唱神圣的赞美诗结束。对于我们所谓的奥格斯堡忏悔书[①]，我觉得并不是无关痛痒的，因为他们不赞同的是我们的道德风貌，而不是我们的宗教。当他们祈祷或者听宣讲《圣经》的时候，他们跪下去举起他们的手；他们甚至捶胸顿足，以唤醒他们的灵魂。在神殿里轻举妄动，或者昏昏入睡，他们都认为是罪过，尽管这里每天的读物都是出自圣洁的、虔敬而博学的人的手笔，然而参加的人数还是很多的。因为不论如何关注宗教，他们都把这种关注看作是超乎各种职务之上的。而且，即使他们一生中有一半的时间奉献给宗教，他

① 奥格斯堡忏悔书，指 1530 年 6 月 25 日路德派在奥格斯堡向查理五世提交的旨在恢复宗教和平的意见书，共 28 条，前 21 条表示虔诚，后 7 条驳斥罗马天主教会的指责。——译者

们仍然会认为是太少了。我注意到他们时时高兴得跳了起来，也经常眼泪汪汪，他们这种举止使我感到惊讶；因为他们在讲起基督的善行或者人们的不端行为时，不能不动感情。基督生平的活动一年到头都有，所以对于他独特的、卓著的行为要加以纪念，而且他们使各种节日适应于现在的时代，这些节日都不是感情用事或者单凭幻想宣传起来的。他们所举行的仪式并不是洋洋壮观的，因为他们所想的是改善人们的境况，而不是哗众取宠。所有人们的穿着都很体面，牧师的服饰也没有什么与众不同之处。适合于宗教人士穿的是白色，做政治的人穿红色，有学识的人穿蓝色，而工人阶级则穿青色的。可是，这一情况在基督徒眼里并没有引起太大的差别，他们并不过分看重色彩，而是更多地注意到善恶的分野；他们也不会过分重视一般仪式的作用，以至于把所有的监督、考查和郑重的评价都化为乌有。这是不是因为人类的恶行超过了我们反抗的能力，结果使我们变成小事拘谨、大事糊涂而表现得无所作为呢？在基督城，因为他们种下了善行，根除了恶行，所以关于琐细的事情，他们都放在闲暇的时间去商量。

八十五　神圣的赞美诗

在作敬神的礼拜中，音乐对他们所起的作用不可谓不大，可是，宗教上极端拘谨的忧郁症患者可能对此抱有反感。他们赞美上帝主要是用嗓音，但也用小号、竖琴和齐特拉琴[①]、鼓和合唱、弦

① 齐特拉琴是中古时代的一种乐器。——译者

乐和节拍、铙钹和各种管风琴的音响。神圣的先知们认为这是合适的，而基督则从来没有提出反对或者禁止。于是魔鬼受到了嘲弄，因为他除了觉得他的欢乐将会败坏基督的事业以外，从来没有自我欢乐过。他们有很多圣歌，为着能够齐声唱好这些歌，每一个人都带上小本子，以弥补自己记忆的不足。在这些圣歌中，他们特别喜欢路德的歌曲所体现的精神，而对于其他人的歌曲，也不拒之门外。教堂全体会众集合在一起唱四部或者多部的歌曲，而且能够保持着乐曲完整的节奏和旋律。听起来的确是一件令人十分高兴的事情。他们每天聚会祷告时，大家都要唱些歌。那些和韵律结下不解之缘的事情本身就是神圣的，而且还渗透到人类的灵魂深处。所以，最优秀的人都喜欢大卫的诗歌[①]，把它提到相当的高度；当前的诗歌假使是纯洁的和属于基督的话，他们也喜爱。要是有人降低诗歌的标准，就会受到指责，被认为是滥用了才智；要是有人对诗歌从事探本溯源，就会被认为应该戴上荣誉的桂冠。让世上不会有人认为，除非说胡话，诗歌列为上品是不可能的；让世上不会有人指责神圣的作品是粗制滥造的。这是魔鬼的诡计，他破坏我们的听力，以致我们听到的齐特拉音乐比风笛的声音要少。是什么东西使得庄严的歌曲在我们听来变成如此荏弱无力？是什么东西使它变得这样乱七八糟，以致我们内心除了对美好的事物表现迟钝而随声附和邪恶之外，别的什么感情也没有呢？另一方面，如果不是庄严的歌曲抚慰我们的思想，如果不是伤风败俗的市

① 大卫原意为“蒙爱者”，《圣经》故事人物。相传为古希伯来统一王国的国王。据说《圣经·诗篇》中许多诗歌是他所写。——译者

侩音乐扰乱我们的心绪，那又是什么呢？不管俗气的歌曲包含有何等的天才，它们在十字架的考验之下都显得毫无用处；而不论庄严的歌曲多么简单朴素，事前如何忽略了歌词和音节，它们却使精神重新恢复到了难以置信的程度。让我们感谢上帝吧，他一直都愿意接近沉默寡言的人或者时常祈祷的人、悲哀痛苦的人和尽情歌唱的人，他一直都愿意以同情怜悯之心倾听他们的声音。

八十六　圣事

圣事是按照基督的规定来执行的，一切仪式都不脱早期教会的戒律；这些圣事经常举行，因为它们有极大的价值；它们受到虔敬，因为它们是崇高的；它们举行得煞费苦心，因为做圣事的人都是虔诚的人。当孩子们以圣父、圣子、圣灵的名义接受洗礼的时候，他们的宗教信仰与职责都有人为之见证，其中第一个人就是牧师，但是也邀请一对受尊敬的夫妇和久别的朋友；所有这些人都以他们的信仰保证做好圣事，并且让他们自己承担照管孩子的责任。他们认为，教父教母应该高于生身父母，并且要替其精神上的孩子们向上帝提出报告。一个监护人的监视不应该比教父的监视更频繁，而他们之间的互爱也许比什么人都更深些，因为他们与基督相联结的纽带更加紧密些。那些企图在这里寻求钱财的人犯了很严重的错误；那些提出非常明智建议的人都是希望为他们的孩子找到最好的监护人和德行上的告诫者。这里经常举办圣餐会，邀请所有的人参加，除非确有困难，全体都出席，由此足以证明人与人之间是和睦相处的。人们把不含酵素的面包和葡萄酒当作圣餐献

给圣坛，傲慢的态度依然故我。所有来到这里的人都带着一颗忏悔的心、一片忠诚的心灵和一个准备接受矫正的躯体，而且，在不久之后，他们就以实际行动来证明自己所许诺过的事情。他们把这个场所看作是最受欢迎的法庭，在这里，他们的罪过可以受到裁决，也可以被洗雪一净。一个人的兄弟如果否定上帝或者不信仰上帝，他可以对此表示愤慨，因为这样一种人对国家来说是极为可憎的，而且是绝对不能容忍的。此外，也还有一些人，他们先是上了魔王欺骗的当，现在又重新依附于教会；而且为着他们灵魂的拯救和忏悔，人们也像已往痛惜他们的堕落一样衷心地祝贺他们。特别值得一提的是，他们的确注意到要使教会或国家不沾上一点罪名；他们只是用基督徒的赎罪来解救和净化他们自己和别人。那些忽视这一点的人，都被自己的和别人的罪恶压得粉身碎骨。以前有一个时期，作恶多端的人可以在教堂里被请求赦免；而现在呢，这样做被认为是邪恶的，所以也就不足为训了。然而，宗教的戒律比任何东西都更加严格，更加始终如一，这点仍然受到世界的夸赞。可是，我们的前辈的确经得起这种称赞；我们将要做些什么呢，假使免不了要我们去做的话，关于这一点我们的后代终有一天会提到的。

八十七　赦免和革出教门

基督所留下的两把开启自我约束和放荡不羁之门的钥匙，他们非常认真地保护着，而别的人却无限制地使用其中的一把而隐藏另一把；所以人们提到这两把钥匙时都说，他们尽量使用了前面的一把，而放弃了后面的一把。基督城的居民诚实地向上帝忏悔他们全部的罪过，其中有很多人甚至会让一位朋友听到他们的声音，——因为他们不管哪一个人都不会没有一个相当亲密的朋友，——或者就让一位牧师知道他们的忏悔；他们这种坦率的表现使他们觉得，他们肩上的重压大大地减轻了。借助于上帝的牧师，基督允诺以宽厚的处理来回答真诚的悔过者、热切的信仰者和精心的改正者，但是，对于弄虚作假的人，他警告要付诸严格的裁判。这里不必担心，有人长大了会对基督教表现懵然无知，因为基督教在学校里是不可或缺的，并且还要专心给予关注。此外，由于良心会因此而得到增强，所以很多牧师都被挑选来担负这项工作，但是，也只有这样才能使清白的生命和热烈的精神达到出神入化的境地。如果有谁不信任人，那么没有人会被要求去揭开他的隐私，他的一切都留给上帝来处理，因为上帝是能够猜出所有人们的心思的。至于说到反对倒退的人，特别是那些经过兄弟、长者和文职当局满以为有用的劝告而仍然顽固不化的人，他们宣布了上帝的处罚、教会的禁令、国家的嫌弃和每一个好人的憎恶。有了这样好的处置，他们就好像已经被摈在天地万物之外似的。也就是说，他们活像已经不是上帝的创造物了。他们把这种处置看作比死还要严重，于是他们全都尽其最大的力量来替这种人医好创伤。假使最终他还依然故我，冥顽不化，反抗到底，那么他们就要把他从这个共和国驱逐出去。在执行这种处罚之前，他们对他科以最繁重的、最肮脏的劳动，或者甚至给予精神上的打击。他们采取这一手，其目的仅在于惩罚罪过，除非到了不得已的时候，决不让他流血。的确，人间随意地使用罚款、侮辱或者极刑来处罚作奸犯科

者，少有成效，这并没有把冷漠从他们的生命中排除掉，而且仅靠这一种办法，并不能很快地消灭奸佞之徒；也未能用饥饿和劳动去打击他们的挥霍无度，这种办法很有可能治好他们，或者使他们受到一点约束。有的医生想得更多的是烧烙和截肢，却很少想到清洗和生肌，这样的医生也确实太江湖气了。我们再也无从找到第二个共和国像这个共和国那样的幸运了，她尽可能多地保护她的公民，而受到处置的总是极少数。这种国家的首要目的可以说是，在反复灌输对神的敬畏和排除了罪恶的污泥浊水之后，我们老早就对罪恶产生了由衷的厌恶，而不是仅仅限于不敢去沾染它；但是，假使到时候我们果真敢于去沾染，我们也没有可能做到；假使我们确实突破了这一点，那么我们就会被迫对我们的行动付出偿还的代价，并且清洗我们自己。

八十八　婚姻

他们是以极大的忠诚来承担婚姻的责任，他们处理得非常谨慎，怀着满腔柔情，并且以最深沉的思考去关注它。可以说，结婚在这里要比在别的任何地方都稳当。因为这里不会有人索取稀奇古怪的妆奁，不会有人苦于三餐无着，留给人们去创造的只是德行的价值，有时还有美的价值。青年人的结婚年龄有一定的限制，男的二十四岁，女的不得小于十八岁，但是，还要征得父母的同意、亲戚的认可、法律的允许和上帝的祝福。对于他们来说，血缘关系受到了最大的尊重。他们结为伉俪所要考虑的因素主要是看性格是否一致和适宜；可是，还有一件别的地方视为罕见的长处，那就是虔诚。不贞节会被认为是最大的缺点，犯这种过错的人要受到法律极严厉的惩罚。但是，只要不让他们有机会，他们就很容易排除这种罪恶。结婚几乎不需要花什么钱，也没有什么打打闹闹的场面，他们一点也不坠入世俗愚蠢的和失去理性的境地。年轻的男子陪伴着新郎，年轻的女子陪着新娘，当新郎新娘结合的时候，他们以整个心灵和祷告来表示他们的满意。然后，双方的父母和近亲都来了，他们和新婚夫妻握手，提醒他们心心相印的益处、劳动的重要性和节制的价值，不过，尤其值得重视的是忠诚与容忍。因此，他们的婚礼不会让人狂饮烂醉，但他们一定要唱圣歌和致以基督的祝词，而别的地方每有庄严的盛大集会都不免要以饮酒作为前奏。这里的结婚简直没有嫁妆，有的只是基督所赐给的希望，父母所树立的榜样，夫妻两人所学到的知识，以及和睦所带来的喜悦。他们所需要的家什和房屋一应俱全，这些东西都是由公共商店提供的。在这种简朴的风尚中，他们使我们的苦难、刑罚、烦恼、涤罪变成为无伤大体和转瞬即逝的事，而如果不是这样，我们通常就称之为不吉利的婚姻。要是眼前真的有什么不愉快的话，所有的朋友都会以他们的切身体会来缓和与消除这些困境；同时，也不会产生什么不忠实的行为，因为它是要受到严厉惩罚的。当我们背弃上帝时，上帝感到悲伤；当我们忘却父母亲和夫妇的爱的时候，他就表现得更加悲伤。上帝已经用他的热情证明了他的公正，因为我们憎恨忘恩负义和背信不忠的人，并且立刻会给这种人以惩罚。由于世俗把上述两种恶行变成了玩笑，所以不祥之果总是接踵而至，那些不忠不义之徒也总是变本加厉，胜过了以前的骗子。于是就产生了许多下流的恶行；做尽坏事，丧尽天良，毒化家

庭，埋下祸根，散布耻辱，放松良心，招致流血，散布淫秽，挥霍资财，唤起基督的恐惧、散播绝望，放松处罚。

八十九 妇女

妇女婚后将她们在大学时期所学到的知识付诸实践。凡是丝、羊毛或者亚麻的制成品，都是靠手工劳动来完成的，这些材料都属于妇女工艺范围，并交给妇女去安排。于是，她们就学缝纫、纺纱、织布、刺绣，并且以众多的花样装饰她们的工艺品。花毯是她们的手工制品，缝制衣物是她们的固定工作，洗涤是她们的任务。此外，她们还要看管住宅和厨房，并且把它清扫干净。不管她们由于智力上的天赋而拥有什么样的学识，她们都能由于勤奋而取得进步；她们不但自己学到一些东西，而且有时还能教别人学点东西。她们在教堂和宗教会议室里，默不作声，然而仍然对虔诚和道德风貌产生影响，仍然闪烁着天国禀赋的光辉。只要她们的宗教信仰是虔诚的，上帝对于女性就从来没有作过任何的否定。在这方面，永远有福的圣母玛利亚就是一个最光辉的范例。假使我们翻开历史，我们就会发现，没有什么美德是妇女所不能达到的，甚至可以说，没有什么美德是她们所不能超越的。然而，了解缄默的价值的人确实并不是很多的。尽管这样，我们仍然可以拿一些妇女来和一些男人相比，或者甚至宁愿喜欢她们而不喜欢男人，例如真诚的莫尼卡斯[①]就是这样。这些妇女献身给教会，使她们的

① 指古罗马基督教神父圣·奥古斯丁(354—430)的母亲。——译者

父母感到高兴，与她们的丈夫和好相处，重视居孀的礼仪，对她们的孩子从不吝啬，对她们的朋友谦恭有礼，对于有匮乏之虞的人总是伸出救援之手，对所有的人都和睦友好。在这些人当中，作为表示子嗣的忠诚，我要提到我的母亲。不过，在别的地方，情况就不是这样，不少妇女表现得过于傲慢，这种情况毋宁说是由于男人的缺点造成的，他们过于文弱，以致与如此雄赳赳的女人结成婚姻。可以说，没有什么局面比女人私下统治、男人公开服从更加危险了；另一方面，也没有什么事情比每一方的当事人都负起他或她的特殊责任更加令人羡慕了。在他们之中，绝对没有丈夫打妻子的现象，人们会认为这不是男子汉的行为；而一旦妻子真的被打了，那么，她在熟人当中就是很丢脸的。她们最值得称道的地方是在家庭中保持和气。只有肉体的结合而在精神上同床异梦，那才是荒谬的。妇女除了彼得所提到过的东西[①]外，再也没有别的什么装饰了；她们除了支配家务外，不去管辖别的事情；妇女不得去做用人的工作（这事会使你吃惊），只有在发生疾病或者在某些偶然事故的情况下才允许这样做。所有的妇女都无愧于自己所负的家务本职，而且也乐于关心她们丈夫的各种需要。同样也可以说，不管做丈夫的从事什么样的职业，没有一个人会认为他自己高过妻室的光荣劳动。因为，只要是态度温和，那么聪明机智也好，从事劳动也好，两者并不是水火不相容的。在合情合理的范围内，再也没有比真正的而不是口头上的促进公共的利益更为明智了。

① 《圣经新约·彼得前书》第 3 章第 3、4 节提到：妇女不要以外面的辫头发、戴金饰、穿美衣为装饰，只要以里面存着长久温柔安静的心为装饰。——译者

九十 分娩

妇女最伟大的成就莫过于生儿育女，这件事使她们的地位高于世上所有身强力壮者；除非万不得已，杀一个人毕竟不如生一个人。妇女忍受如此巨大的痛苦，确实令人惊叹；她们为着孩子而幸免于危难，同样也是奇迹。在孩子出生的时候，朋友以祝贺的方式提出天国的期望，他们也同情其间必须承受的痛苦。但是我们注定要死亡的生命却由于基督的诞生而复苏了，这一点却比任何其他事实都更为重要。他们没有举行生日盛宴；我已经说过，他们不必借助于美酒就可以举行他们神圣的和庄严的仪式，而这样的做法是别人所不愿意采用的。接生婆最受人们的重视，但是指的是最有这种本事的人。越是笃信宗教的妇女就越是适合于这项职务，自然，这还得看她们有没有这方面的科学知识。除非实际情况需要雇用奶母，她们是绝不会这样去做的，因为她们都希望孩子吃自己母亲的奶。那些负责照管分娩中的妇女和婴儿的人大部分都是寡妇，这是她们的特殊责任。另外还有年轻的妇女负责照顾孩子。除非孩子病得很重，洗礼的仪式一定要在出席的会众当中举行。假使孩子被免掉这种宗教仪式，那么，她们就知道信徒的种子已经用基督的血洗净了，因此她们是乐观的。妇女的产假是四十二天，期满后，她们对上帝表示隆重的感谢。在产假期间，由公共日用供销店供应适合于产妇吃的、易于消化的食物。要知道，即使是对妇女施行的医术也不是一点没有成效。妻子生产时，丈夫们要是想分开住，可以这样做，否则，他们也不至于被摈诸门外。他

们抱着最大的愿望去保持夫妇之间的纯洁高雅，而且他们非常重视这一点。这样一来，他们就不会因经常过度的房事而伤害或者削弱自己。父亲想生子女完全是正当的，但是放纵情欲，那是可耻的。另外有的人像野兽一样生活在一起；然而，即使是牲畜也有其特点，它会使上述那种人显得黯然失色，他们可以用互相爱护、互相帮助首先改善对天国的关怀，然后再关心人世间的一切。职是之故，基督城的居民都认为，在结婚生活中也有某种程度的不正当行为和亵渎的情况。唉，放纵肉欲的人是不耻于利用合法的习俗以及不合法的习俗去犯罪的？但是，当各方面都是享受之地和诱惑之地的时候，甚至当我们中间连对禁食、戒酒、警惕和工作这样的名词都表示怀疑或者竟至懵然无知的时候，我们应该怎么办呢？于是，产生了这样的情况：一方面我们一直梦想着可以领略一切东西，另一方面我们对于真正美好的和健全的、纯洁的和无瑕的东西又不感兴趣。

九十一　居孀

所有的配偶都难免于死亡，因此，即使是最亲密的结合也要趋于解体。假使丈夫死了，他的遗孀就离开原来的家，移居到专供孀妇用的住地去，并且按照她的某种能力为国家服务。只要她愿意，还可以再醮，不过要守寡满一年，以表示对前夫的敬爱。假使死去的是女方，那么她的鳏夫就在公共食堂和邻居或者别人同吃，同样，满了一年，他也可以再娶。孤儿一点也不会受到影响，因为所有的孩子在书院里都是在一视同仁关怀下成长的。在这个共和国里,人们不仅只有自己的父母。可以说,国家本身就是所有人的嫡亲。人们对寡妇关怀到什么程度,要看她们的信仰、自我约束和勤勉的情况如何而定。她们受到的尊敬不下于母亲,人们把她们请来教育女儿们。因为那些亲自经历过缺乏人间温暖的人最适合于提醒那些受到的保护最少的人,最适合于约束他们和纠正他们。因为魔鬼利用其阴险手段来反对我们时,再也没有比让我们完全置身于享乐更能达到目的了,结果是,痛苦和厌恶大大地多于肉体上的享乐。由于有那么多人以追求肉欲为乐,或者效法禽兽的方式,我们一定要正确地研究他们:要么就是完全缺乏经验,要么就是失去了理性。一味重视已知的人间是狂妄的,一味渴望未知的尘世也是可笑的。所以,居孀的人就有责任在缺乏经验的人当中减少所谓肉体的价值,并且在经常有不贞行为的人当中约束好淫的欲望,因为她们可以用自己的榜样来说明,追求肉欲终归不是经常需要的,而且,为着个人宗教的和非宗教的利益而远离此道,毕竟有极大的好处。我们可能会变得多情些,但是,要抱这种态度又不使心灵炽烈起来;让我们节制热情而又不至于压抑心灵;我们可能会变得冷漠些,但不至于把整个身心都僵死;让我们保持自己的热情,然而,却不会因此而让肉体兴奋起来。上帝不喜欢骄奢淫逸,上帝满意的是结婚生活,居孀受人尊敬,童贞在上帝眼里弥觉珍贵。一个纯洁高雅的人最体面和最难能可贵的事情就是得到基督承认并和他最亲密地融合在一起。

九十二　会议厅

教堂上面有一座会议厅，它是供为数不多的、然而却是最庄严、最隆重的会议用的。会议制定了最重要的教规，并使之深入人心，一体奉行。在这里，人们可以获悉共和国的各种法令，外国派来的大使也在这里会谈。不管在维护共和国的威严上，或者在人们的眼里可能领略到布局的气魄上，它都可以说是无比壮丽的。正因为在这里人类的历史表现得色彩斑斓，所以那些最为光辉夺目的人在处理人的事务时，应该受到最好的奖赏。就在这个会议厅里，我见到过一部分英雄人物，如萨克森的选帝侯约翰·弗立德里克，我自己国家的君主符腾堡公爵克里斯托弗，大部分信奉基督教的亲王，以及其他在德行上堪与媲美的人。在这个世界上，居指导地位的美德或者邪恶交替表现出它的优势和劣势。一边是兢兢业业的良好本性，懒散的不好影响，谦卑的灵光闪耀，难以言状的野心毕露；另一边是爱的强而有力，暴政的摇摇欲坠；良好榜样的效果，无节制的混乱；而在别的地方则表现了真理的朴素，诡辩的喧嚣，有教养的优雅，大声小气的粗野态度。神学者的形态，基督徒的形态，人类和魔鬼王国的形态，他们的相似之处和迥异之点，戒律和事态，所有这一切都在这里扮演了各自的角色，而其结果呢，不论是幸运的还是失意的，它们在所有的地方都出现了。最后的审判，包括愉快的场面和可怕的情景都在这里有着真实的写照，善有善报，恶有恶报，一切都巧妙地摆在人们的面前。我该怎么说呢？在我看来，没有别的地方像这里一样说得上是人类社会实际

的缩影，它没有过分铺张夸大，而是把一切都奉献给人类真正的教育。假使现在我们拿这些诸神的天国，森林之神[①]的土地，尼普顿[②]的海洋，普路托[③]的冥府来作比较，那么，在人类的理智面临着的广阔天地，除了无聊的瞎谈与梦幻之外就别无所有，而人们心中却仍然希望保留着神的教化的评判与声誉，爱国家与爱广博的技艺的情况下，我们将会变成多么缺乏感情，将会受到多么大的嘲笑。

九十三　议员

议员是全体公民中最卓越的人，他们以虔敬、诚实和勤劳著称于世，并且都是从有长期经验的人中选拔出来的。人数总共为二十四个，从三个教团均等地选拔出来。他们受到公民的尊敬和爱戴，因为他们极度关心国家的事情。公民把这些人提到那么高的职位，并不是使他们失去所有的长处，而是可以说，任命他们作为同样高尚的人去带领其余的人。职是之故，他们所有的人对宗教、和平与学习都充满着热情，从而使德政善行在他们身上结出了硕果。议员从来不愿在别人面前摆架子，也不吸吮别人的膏脂，或者饱食终日，无所用心。他们像阳光普照，使每一个人都快活起来；他们为所有的人操心并且操劳。要是发生了什么比较严重的事

① 希腊神话中的生着山羊角山羊尾的半人半兽的神，是酒神贝卡斯的随从，喜欢酒和女人。——译者

② 罗马神话中的海神。——译者

③ 希腊神话中的阎罗王。——译者

情，他们自己就热切地向上帝祈祷，并且恳求人们也做祷告。他们谨慎地奉行先辈值得称道的事业，并把它们不受亵渎地传给后代。我从来没有见过有任何地方比这里更重视过去，也没有像这里一样那么关心未来。所以，他们按照典型的模式去检查现状，假使发现它们稍微变坏，他们就要使之有所改进。另一方面，假使一件事情能够在方式方法上加以改进的话，那么，他们会非常高兴地感到：他们有机会向后代证明，他们在这个世界上并没有白活。他们还肯定评价这种思想，要是他们保存了国家的精华和维护了国家的安全，那是值得赞扬的。没有一个人背离他们先前的民族生活方式，以免令人觉得他们好像已经变成了另外一个民族，而不是现在的那个以更好的本领去尽其职责的民族。所以，相当的光荣地位都是属于劳动和受人尊重的工作。由于他们更多地尊敬老弱的人，所以让他们挑较轻的担子，而让年轻力壮的人去扶老助弱；因此，他们专门配备十二个专人，以便随时替代他们。假如这些人当中有哪一个犯了不寻常的严重过错（尽管他们说几乎不可能发生这种情况），他就会被调离原有的工作岗位，至于所发生的事情也会认真研究处理。自觉意识到正义乃是对一切的报偿，这就是说，他们能够得到神的协助去传播基督的福音，去保护他们的子民，去使青年人高尚起来，去装点关山，并使更多的人进入天国，他们对此感到欢跃。

九十四　庭园

围绕着书院有两排菜园，一排是普通的，另外一排分成许多小块，使它们和公民的一家一户相配。两排菜园都种上一千多种的蔬菜，它们活像一间真正的植物标本室。作物的分布井井有条，随便点种是不允许的，经过园艺师精心细作，各种植物的配置完全符合于天底下的不同地区，构成了一幅既奇妙又精巧的画面，看上去简直像一块颜色瑰丽的画版。在这里，他们在笼中养了很多鸟儿，还细心地照料蜂巢里的蜜蜂。那些用来入药、佐膳和观赏的植物都分别种在一块块的土地上。于是，它们给人们提供了各种用途和喜悦——馥郁的芳香，清新的空气，甘美的蜂蜜，纷繁的药物，和谐的鸟鸣，以及多样的信息。菜园的水流非常充足，水是经过安排得很巧妙的水管流到地里去的，尽管流水潺潺，菜园里依然妙音萦回；不过，他们也注意节约用水，避免过分浪费。四周界墙以外，还有非常广阔的园地，他们栽种庄稼，以提供粮食为主要目的，同时也培育别的植物，这些毋宁说是为着美化环境。此外，他们还在这个世界上学会评判人类美的价值，那就是通过一年里采集花卉来实现的。我们经历了出生，成长，以至风华正茂，然后凋萎，直到整个消逝的过程。我们死亡后，别人又呱呱坠地了，又繁殖起来了。呀，他们是多么幸福！他们处在有益心身的植物之中也学会了信任上帝，是上帝给各种花卉添上养料，并且还衣蔽了他们，使他们不必自己照料；他们学会了记住上帝赐与的多样性和丰富性，也学会了把他们快乐气氛和上帝联结在一起！但是，当最小的一片叶子都包含着全部教诲的时候，有什么理由需要将人类应该从上帝的创造物中学习的东西一一列举出来呢？还有些人尽管爱这个世界胜过一切，但却把世上最好的东西——它的效用和美丽的外表——全都不放在眼里，还是让我们对这些人表示大惑不解吧！

哪怕他们用粗野的脚步践踏过这个世界，他们迄今依然好像不愿意肩负起这个世界的重担。让我们为失掉的乐园而叹息，为重得乐园而渴望吧。因为在接受基督教教义后我们已经恢复了视觉的今天，即使我们仍然使用错误的眼光看待自然万物，我们所见到的一切也将不会停留在表面上，而将会深入到它们最深层的核心。

九十五　水

基督城既有肥沃的土地，又有水。我这里暂且不在有些人面前谈论航运的问题，因为他们像真菌一样从来没有离开过原生地。也许，我会在某个时候详细提到它。这里，我必须说明一下关于饮食和洗涤用水方面他们有些什么设施。源源不断的非常清洁的水被引到城市里来，它首先流向街道，然后才流到住宅，这样一来，清澈之水到处都有，而且方便得很。其次，他们还利用地下水道，使它们和一个湖泊的出口小河连接起来，让水流到全城的弄堂小巷里去，把家家户户日常积下的污泥浊水带走。这个水利系统比起其他任何可能想到的设施都更有助于公共卫生。由此，我觉得那些人非常聪明，他们希望人类不但在羽冠鹤氅，也就是说按照优雅和风尚穿戴的时候，而且也在衣不蔽体和确信人类需要的时候，取得帮助和大量的供应。由于我们对这些现实状况不能不引咎自责，甚至为此而从我们崇高的想象的厅堂堕落到污秽的泥坑中去，所以他们也告诫我们，举出理由来说明，我们为什么不应该不干不净地过生活。为了这个缘故，他们都设有浴室，而且在很久很久以前就有了。但是，绝大部分的浴室都是个人专用的，只有供孩子用

的浴室才是公共的,因为他们担心受到裸体的诱惑。后来他们在安定的地方设有卫生洗澡间;也有供洗衣服用的设施,男人们在从事各种劳动而把衣服弄脏后,都把衣服送到这里来洗;除此之外,还有其他的清洁设备供人清除污垢。唉,我们这副躯体啊!多么的不洁,多么的肮脏,多么的晦气,多么的汗臭,多么的衰微,多么的污秽!然而,它却迎合灵魂,支配灵魂,损伤灵魂,直到最后完全摧毁了灵魂!可怜可怜我们吧,你这生命的源泉[①],用你的最圣洁的血洗涤和净化我们如此肮脏的身躯和我们浑浊的血液吧。果真如此,那么因道德堕落而显得丑陋不堪的我们也许可以穿上你的圣衣变成无罪,并且在上帝心目中成为可以接受的人;也许可以在你根据每一个人的功劳而给以报偿之时感到受之无愧!

九十六 老年人

老年人不论男女,都深受人们最大的尊敬,所以他们得到特别照顾,而得免于困惑之虞,因为年纪大了,本身就是一种病态。为此,他们指定人员护理他们,安慰他们,尊敬他们,并且遇事和他们商量。只是由于他们的体力和智力都衰退了,就不得不依靠血气方刚的青年人来帮助和激励;由于他们厌恶人生,在记忆中充满着那么多意外的伤害,以及那么多出于自身的错误,他们变得软弱了。不过,由于他们一生对共和国出了大力,并且有过功绩,他们怀着昭昭的信念和关怀,甚至直到人老珠黄的时候都履行他们的

① 指上帝或耶稣基督。——译者

职责，所以，在感谢这些人时，无论怎样表示敬意和尊重都是不为过的。而且，由于他们最终掌握了人生最伟大的真理，这种真理不仅借助于某些精辟的理论，同时也是经过困难的实践和体验到物力维艰的情况下取得的，所以，再也没有别的什么东西会被认为如此精巧，如此微妙，以致当它在这块古老的“磨刀石”上面磨过以后，仍然不会损害其论点，而且会使它本身更能适应人类的各种情况。要是青年人好歹懂得老年人是怎样经历过错误、流汗、耻辱、危险和诱惑才学到了这些真理，并且把它埋藏在自己心中，上面写着“当心”二字，那么，他们就绝不至于愚蠢到那种程度，居然会对老年人的劝告采取嘲笑的态度，而对自己的计划却那么孤芳自赏。再说，老年人还有这样的优点，那就是，当他们打发了那么一大批有识之士走在其余的人的前头的时候；当他们看到了正气终于上升，各种邪气终于下降的时候；当他们庆祝上帝的天国和教会这艘小船顶住了魔鬼的惊涛骇浪的袭击而终于取得胜利的时候；当他们注意到美德的产物和虔敬的果实不断增加的时候，他们也乐于献出自己的生命，乐于告诉所有的人，死是很平常、很自在的，并且先于他们所有的人懂得死亡的真谛。由于我们的一切研究和我们的全部智慧都离不开考虑死的问题，所以毋庸置疑地说，那些在这方面花了大部分时间的人应该说是凡人中对有关死亡问题最有经验的人。

九十七　外国人和穷人

他们对于异乡人和外国人都表现了极大的仁爱和慷慨，关于这一点，处境极其艰难的我，就是一个最明显的例证。然而，他们仍然小心谨慎，不让公民因外来的客人大模大样地随意走动而感染疾病。在别的地方，茶楼酒肆间有害的习惯，他们真是闻所未闻，见所未见；要是他们知道了，一定会从心底里反对这些做法。他们很节俭地招待客人食宿一两天；对于流亡者则长期给予支持；对于有病的人，则加以无微不至的关怀。他们给予穷人以足够的帮助，而且不让他们离开时空无一物。可是，他们对所有这些人的言行都要先做仔细的考察，然后才能谈得上表示对他们的慈悲心怀。这里没有乞丐，也不允许有这种现象；因为他们可以肯定地说，假使有人真的需要些什么，那么，这个共和国不待人们提醒就会尽到她的职责；然而，上面所说的两种情况是不可能发生的，这是很正常的。要是一个人具有健全的体魄，他是不允许拒绝给共和国出力的，而他的努力也就足以使他得到应得的食物。然而，在别的地方，这些规定都被忽视了。一方面是，当不少人完成了极艰巨的工作而肚子却挨饿，当他们被沉重的负担压垮了身体却被人遗弃和抛在一边的时候；另一方面是，当那些人卑鄙地否定他们非凡的天赋和以体力衰弱为由而逃避流汗出力的时候，当他们绝大部分的生活都是靠国家的资金来供给的时候——它只能说是“用从孩子手中抢来的面包去打狗”。以此说来，我们都是被世俗的习惯所羁縻；因为人间绝大部分的财富都是用于邪恶和铺张，很少对基督的事业有何裨益，而且，即使有，也是非常有害；这样一来，它就暴露给骗子、玩杂耍的人、江湖医生、流浪艺人和理发匠，使他们做出了盗窃的事，因此，对于这样得来的不义之财竟然会被允许归那么坏的人所有，基督一定会表露出他的厌恶。同时，基督并不缺乏能力去支持他自己的人，甚至在他们处于困苦之中，也能源源不断地给他们以支持。而脱下自己的衣服，把它们扔在地上，为基督铺路的人也是不少的。至于我自己，尽管我发现这个尘世很贪婪、吝啬，而且待我很卑贱，我还是从基督城的公民身上认识到了仍然有些人，他们非常愿意为着基督和通过基督承担他们全部的责任。

九十八　病人

由于疾病是多种多样的，所以，我们的虔敬行为也应当是多方面的。基督城的公民已经特别注意到了这一点，他们学会了怎样去关心和抚慰灵魂、精神和受尽折磨的身体。他们全都努力学会自己的事自己办，而且在有必要的时候接受别人的帮助。病人可以一视同仁地随意享用医药、诊所和厨房，而且所有的人都会立刻给予帮助。社会上地位高的人不愁医药供应短缺，而地位卑微的人也不至于因缺药而挨苦；大批医生没有围着大人物团团转，普通老百姓也没有感到冷落的痛苦。然而，人世间富人比起穷人来毕竟还是花了更多的钱。这里的已婚妇女和寡妇都很有技能，也拥有最大的机会，而国家又非常仁慈地把照料病人的工作托付给他们；他们甚至还有医院专供穷苦病人使用。他们除了从事药物治疗之外，还惯常使病人的精神振奋起来，同时让他们回想起自己以前的健康状态，以免他们失掉基督徒的毅力。然后，他们叮嘱这些人经常注意节制，免得使他们躁动的

躯体过于放纵无度。最后，他们还竭力劝告他们听从医疗护理的指示，其目的是要使他们在遇到照顾不周而引起不悦时不至于拒绝承受。有了这三者，他们就算把基督的十字架接过来了，高举起来了，背上了。当灾害肆虐的时候，妙不可言的是，人们多么轻易地就幸免于难。他们是期待着上帝的帮助。因为，认为上帝善良愿望的重要性终归有个限度的人永远也无法理解，他会怎样离开和摆脱灾难。只要他们觉得可取，他们会自甘继续和那些精神失常或者神经受到伤害的人待在一起；要不然他们在别的地方也会受到仁慈的照顾。这就是他们在遇到暴虐的损害时所要做的事情；因为理性支配着人类社会，要它更加温柔地对待那些很少受到自然恩典的人。我们现在即使没有达到上帝所要我们做到的那种程度，然而，就凭我们目前的情况，上帝还是用他无限的宽厚和坚忍来支持我们。

九十九　死亡

谁会说基督城的居民尽管按照一般准则生活，还会死得无法令人满意呢？而且，由于每日都有人死去，谁会怀疑他们终有一天会得到永生呢？这个共和国并不比其他共和国更了解死亡，可是她仍然对死亡处之泰然。当他们安心去“长眠”（他们是这样称呼死）的时候，他们非常镇静。他们证明了，他们信仰宗教，同时又把基督看做是他们信仰的保证。他们也证实他们是爱国的，并且通过虔诚的祷告来确证这一点。除此之外，他们把一切都托付给上帝。他们不需要留下遗嘱，要是他们最后有什么意愿的话，就把这些想法告诉他们的朋友。当一个人正在对死亡进行挣扎的时候，公众会派人替他做祷告，祝愿基督的战士取得胜利。假使一个人的灵魂处于极度痛苦的状态，那么，神的真理会随时随地给他以启示，而且解说真理的人也会对他指出：上帝愿全体基督徒幸福。假使他们的肉体受到折磨，那么，保证他们将来安逸、健康和永存的光荣就抵消了他们的痛苦。噢，我为什么对这件事说得那么多呢！适当的语言和行为对于每一个独特的情节来说是必要的，而且这些言行都表示出来了。其中有很多是在临终前做的，这样一来，他们就可以亲眼看到从一般人的生活到基督徒的生活所发生的关键性的转变。因为真诚的榜样对我们所能完成的事情，正是所有的告诫都无法达到目的的。死亡几乎不可能从他们的谦卑行为与平等地位中剥夺掉什么东西；然而，我们这个躯体对我们来说实在是太宝贵了，我们被迫离开它，不能不感到战栗，我们把它留在自己的身后感到可怕。他们用整个的心灵祈祷，他们作为就要站到上帝面前的人，希望上帝会仁慈地替死者作好安排，他们在无益的抱怨的处境中，唱着适当的赞美诗把灵魂托付给上帝。最后，他们祈求，当这样做讨得上帝欢心的时候，他们也会发现自己带着悔悟的和忠诚的心安安静静地长眠，他们这颗心是建立在对耶稣基督的信仰上面的。

一〇〇 葬礼

他们给停止了呼吸的躯体穿上长袍，并且在第二天就把它送走，只让死者的脸部露在外面；送葬者人山人海。年轻人唱起庄严的普鲁但梯亚斯[1]之歌和别的赞美诗。近亲们穿着平常的服装跟在年轻人后面,其中绝大多数人的表情都是平静的。因为他们认为,对于一个基督徒来说,祝贺总是胜于悲伤的;而且那种痛苦的表现除了削弱生者之外,不会带来什么别的结果。在躯体被放到墓穴里去,并用生成生命的泥土掩埋之后,他们就听读《圣经》,其目的在于让他们对死亡有一种乐观的态度,并让他们得到人生的知识。他们死后很少留下墓志铭,因为他们认为这几乎是无法写得恰到好处的。每一个人一生所表现的行为,上帝都知道;而且后代会把他的真实情况流传下去。这比起买来的、被迫的或者编写出来的碑文要更加妥当。那些特别值得一写的人会有短篇传记保存在他们的记录里,而事实上这种情况实在太少了,无法和我们周围的现实相比。我们的现实中大批的、蜂拥而起的英雄人物使得这种记录不免引起人们的怀疑。墓地是宽阔的,不过都在城外;因为他们认为城内是供活人生活的。我曾见过画在墙上的一幅精巧的绘画,由死神[2]带领芸芸众生走向坟墓。每一个死者都有一个铁十字架,上面刻着他的名字,除此之外,就没有别的任何标志了。他们的后代就是据此来识别自己的先辈。当它变成太陈旧的时候,人们就把它去掉,然后把人名写在丧葬的名册上,使人更加容易找到。他们对今生看得很轻,对来世甚为向往,所以他们多少有点不大关心今生的事情,这点是不足为奇的。以我们来说,对于他们这些想法或者其他特殊癖性,都不应该认为是荒谬的;因为不论

① 奥利亚斯·克利门·普鲁但梯亚斯(348—410),系早期最著名的基督徒诗人之一。——校者

② 死神——西方常画作手持大镰刀、身穿黑袍的骷髅。——译者

什么人愿意将来在天国享福，他固然应该和我们一道信仰，但是，他必须在各个方面过着和现在不同的生活，这个道理是站得住脚的。

再致基督徒读者

我的基督徒读者，这些事情都是我从那个有福的上帝共和国里看到和听到的，而且我坦白地承认我从中受到了教益。特别使我感到难过的是，我的记忆力不足以反映那么多千差万别的事情，即使能记得住一些，我也没有美好的修辞去表达它们；所以，你们一眼就会看出，我并不是一个历史学家。况且，我真想具有某些人那样的文采，他们写出来的比他们所看到的东西还要多些。但对于我来说，我承认我永远也不可能把它们一一表达出来。因此，假使我还没有认识到它们的意义，或者还没有利用足够的技巧去描述他们的制度，那么，这就是为什么我痛恨自己缺乏想象力的理由，也就是为什么我有必要劝告我的读者不要把任何谬误归咎于基督城的公民，而是应该责怪我才对。下述的情况很有可能发生，而且，我真担心它已经发生了，那就是，我过高估计了细枝末节，恰好把重大的事情一带而过了；我本末倒置，叙述事情的时候乱了次序；我成了糊里糊涂的人，因为我对它们产生了偏爱；我还没有进入他们政府内层的资格。你们要我做什么呢？我是一个年轻人，至今对治国之道的秘诀还是一窍不通，我只能观察到外表华丽的东西。如果我确实有机会深入里层，那么，我想把我的所见所闻告诉给人们的愿望是不会消失的。现在所要说的是，大家听听我是怎么样离开那个地方的。上帝不允许我竟然心甘情愿地离开这个共和国。

好啦，当我对每一件事都考察过之后，我被送回到政府总理那里去，这样，我就可以向他报告我对基督城公民的感想。总理对我说："我的朋友，你已经看过了我们居住的地方和生活的状况。正因为人间的事物并不是完美无缺的，所以我们不可能让你看到超出人的命运的任何东西；可是，我们确信已经减轻了我们人类的重担，并且就是按照我们已经让你看到的那种方式去做。我们选择这种方式并不是因为它比所有的其他方式都完善，而只是说它可能更易于接受些。不管这种方式会出现什么样的毛病，它们都会因管理机关的警惕而逐渐被消除。假使赞美上帝和热爱我们的兄弟成为我们生活的目的，那么，人生琐事就不致如此显要，以致使基督徒感到焦虑和受到烦扰。当你将来回到了你自己的人那里去的时候，请你做一个最耐心的、最公道的讲解者，替我们解释各方面的事情。我们并不渴望表扬；我们也不赞成嫉妒；或者，要是这种想法无从实现，我们就容忍它。我们过我们的独木桥，让别人走他们的阳关道吧。假使他们对我们大发雷霆，我们就请求大海千万不要把他们送到这里来。我们崇拜的是同一个上帝，信奉的是同一种宗教。假使我们的风俗习惯各不相同，我们不应当把它看做是罪过，因为我们在这个世界上住的地域彼此有别。我们并不把我们的生活方式强加给别人，也不准备全力去维护它们。让那些生活比我们过得更好的人来评价我们，教导我们，批评我们；他们将会发现我们虚心领教不亚于我们的勤快；假使他们能够找到有力的理由来为他们的全部景况作辩解，那么我们就会责备自己；并且迫切地要求改进。同时，让他们要有耐心对待一个孤零零的

小岛上相反的教义。我们祈求，不管在这里还是在其他地方，你仍然是我们的。”

当我把这个人的和气和别人的执拗作了对比之后，我不禁热泪盈眶，声音颤抖地说：“不管我的人民说我什么，我将永远属于你们。我把我这个躯体献给你们，因为我除此之外就别无所有了，这样一来，我的思想就会轻松些。请允许我回到我的人民那里去取得一份体面的解放证书，以免被人说我是‘逃亡者’。”我说到这里，总理笑了笑说：“你们呀，你们那么热切于照过去的办法行事，可又那么胆小，不敢正视未来！不过，我的客人，你将来不论走到哪里，你拿我们这个共和国跟其他较好的共和国对比一下，这样你就会把你在别处所发现好的和有利的方面告诉我们。因为我们的愿望并不是要别人说我们这个国家的好话，而只是想和别的国家比较比较罢了。谁要是能够使我们的国家更加靠近天国，谁就是我们最好的朋友，或者（情况也是一样）能够使她远离这个尘世。因为我们久已渴望拥有一个处于天底下的住所，但是这个住所同时又是高于这个众所周知的混浊世界。”我听完这番话之后答道：“除非我完全受到蒙骗，我将来一定会和你在同一个地方安息。假使别的什么国家有更好条件的话，或许我还不配去享受它们呢！我把我的劳力、我的学识、我的希望、我的祝福全都献给你们的共和国。我把我个人交给你指导，因为你是善于管理别人的。我要在你的指挥之下吃和喝，睡眠和守望，说话和缄默，我还要和你一道崇拜和敬仰上帝。现在，我只想提出一个请求，希望能够允许我邀请我的朋友也和我一道到这里来，他们都是杰出之士，散居在世界各个国家。”“当然可以，”总理回答：“因为我们住得还不太挤，我们还有

能力容纳一大批诚实的人。”

就在他这样说的时候，中午十二点的钟声响起来了，它那优美动听的旋律在提醒人们：庄严的祷告就要开始了。于是他向我行礼告别，祝我以主的名义离开，在上帝的指引下平安地回去，然后尽可能多带领一些志同道合的人来。他一面伸出右手，表示基督的爱，一面说：“我的兄弟，你要小心，不要再把你自己交给这个尘世，也不要使你自己疏远我们。”于是我亲切地回答：“你去哪里，我也要去哪里，你的人民，就是我的人民，你的上帝，就是我的上帝。你在什么地方死，我也就在什么地方死，而且就在那里埋葬我的躯体。所以，祈求耶和华对我慈悲，因为孤零零的死会使我和你分开！”然后，我接受了他的恩宠，接吻祝福平安，接着，我就离开了那里。如今我正在你们之间走来走去，假使这个共和国合你们的意，假使她对上帝的崇拜、她的人与人之间的交往、她的教育方式都使你们感到高兴的话，那么，你们可以趁早和我以上帝的名义到那边去。再会，为着基督而坚强起来。

图书在版编目(CIP)数据

基督城/(德)约翰·凡·安德里亚著;黄宗汉译.—北京:商务印书馆,2017
(汉译世界学术名著丛书:120年纪念版:珍藏本)
ISBN 978-7-100-14523-7

Ⅰ.①基… Ⅱ.①约… ②黄… Ⅲ.①空想社会主义—思想史 Ⅳ.①D091.6

中国版本图书馆CIP数据核字(2017)第153953号

汉译世界学术名著丛书
(120年纪念版·珍藏本)
基 督 城
〔德〕约翰·凡·安德里亚 著
黄宗汉 译
高 放 校

商 务 印 书 馆 出 版
(北京王府井大街36号 邮政编码100710)
商 务 印 书 馆 发 行
北京新华印刷有限公司印刷
ISBN 978-7-100-14523-7

2017年12月第1版 开本710×1000 1/16
2017年12月北京第1次印刷 印张12
定价:62.00元